L'influence de la communauté allemande
sur la géopolitique argentine
de 1850 à nos jours

Collection **D**éfense, **S**tratégie & **R**elations **I**nternationales
(D.S.R.I)
(Dirigée par **François Manga-Akoa**)

Depuis la chute du Mur de Berlin le 09 novembre 1989 qui a entraîné celle du Bloc socialiste est-européen dirigé et dominé par l'Union soviétique, puis celle de l'URSS le 08 décembre 1991, signant ainsi la fin de l'affrontement entre les pays du pacte de Varsovie et ceux de l'OTAN, la guerre a pris plusieurs formes inédites jusqu'alors. Le terrorisme international, les guerres asymétriques, la guerre économique se sont exacerbés grâce au développement exponentiel des nouvelles technologies de l'information et de la communication. Par ailleurs, la privatisation de l'usage de la force, jusqu'alors réservé à l'Etat, a rendu possible l'externalisation de plusieurs services de l'Etat. En effet, plus que jamais, se vérifie l'adage de Héraclite qui affirme que la guerre est la mère de toute chose. Tel un veilleur qui attend l'aurore, la collection **D.S.R.I** scrute l'horizon de ce nouveau siècle, décrypte et prospecte l'actualité internationale en ses aspects politiques, diplomatiques, stratégiques et militaires.

Déjà parus

Alphonse TONYE, *Barack Obama : un homme, un peuple, un destin*, 2011.
Seddik LARKECHE, *Épistémologie du risque*, 2011.
Sidi Mohamed SIDATY, *Mémento des relations diplomatiques*, 2010.
Alain DE NEVE, *L'Agence européenne de défense et la coopération dans le domaine capacitaire*, 2010.
Jérôme BELINGA, *Glossaire raisonné anglais-français du jargon diplomatique*, 2010.
Abakar TOLLIMI, *La résolution des conflits frontaliers en Afrique*, 2010.
Léon KOUNGOU, *Le régime de non-prolifération nucléaire. État des lieux, état du discours*, 2010.

Gabrielle Foy

L'influence de la communauté allemande sur la géopolitique argentine de 1850 à nos jours

L'HARMATTAN

Du même auteur :
Les lieux du tango dansé dans le Buenos Aires d'aujourd'hui,
Editions L'Harmattan, 2007.

5-7, rue de l'École-Polytechnique ; 75005 Paris

http://www.librairieharmattan.com
diffusion.harmattan@wanadoo.fr
harmattan1@wanadoo.fr

ISBN : 978-2-296-54135-1
EAN : 9782296541351

Remerciements

Je tenais à remercier, monsieur Coutau-Bégarie, mon directeur de mémoire, sans qui l'écriture de ce manuscrit n'aurait pas été possible.
Un remerciement tout particulier au colonel Christian Beau pour son appui, son soutien, son aide précieuse, sa patience, et ses lectures multiples.

SOMMAIRE

Préface

L'essayiste mexicain Carlos Fuentes raconte dans son œuvre *Valiente Mundo Nuevo*[1] qu'en discutant de l'origine du Mexique avec le journaliste et écrivain argentin Martín Caparrós, ce dernier lui répondit en rappelant la plaisanterie connue et ancienne : « Les Mexicains descendent des Aztèques, les Argentins des bateaux » - où l'on intercale habituellement d'ailleurs que « les Péruviens descendent des Incas ». Le conte très autobiographique « El Sur » de Jorge Luís Borges commence par cette phrase : « L'homme qui débarqua à Buenos Aires en 1871 s'appelait Johannes Dahlmann et était pasteur de l'église évangélique »[2]. Et, dans l'histoire, le neveu de l'immigrant allemand, bibliothécaire très argentinisé, ressemble de très près au grand écrivain, bon lecteur de l'allemand[3] et qui dit aussi que « les Argentins sont des Européens en exil ».

Pourtant, au milieu du XVIe siècle, une série d'ordonnances du Conseil des Indes avait interdit l'immigration des étrangers dans l'Amérique espagnole. La reprise de l'immigration n'a été possible qu'avec l'affranchissement des colonies de leur métropole et leur appauvrissement en hommes consécutives aux guerres d'indépendance et aux guerres civiles qui ont parfois suivi. Premier État ayant rompu sur ce point avec les traditions espagnoles, l'Argentine, deux ans après la déclaration d'indépendance, rétablit la liberté d'immigration le 6 septembre 1812. En 1820, Buenos Aires, séparée des Provinces-Unies de la Plata, s'ouvrit plus largement à l'immigration : Louis Vernet, Hambourgeois, reçoit

[1]. Carlos Fuentes, *Valiente Mundo Nuevo, Épica, utopía y mito en la novela hispanoamericana*, México, Fondo de Cultura Económica, 1990

[2]. Jorge Luis Borges, "El sur", in *Ficciones*, Buenos Aires, Sur, 1944.

[3]. Laura Rosato, y German Alvarez, *Borges, librosy lecturas*, Buenos Aires, Biblioteca Nacional, 2010.

l'exploitation des îles Malouines. L'Office d'immigration créé en 1823 concède l'année suivante des contrats d'immigration à des agents, dont l'Allemand Karl Heine... Dix ans plus tard, le dictateur Rosas fait venir 3 000 vétérans allemands de l'armée brésilienne pour les incorporer dans son armée[4]...

Par ces quelques exemples, on perçoit que l'immigration et l'influence allemande en Amérique du Sud sont anciennes, importantes et assez précoces. Il convient toutefois de rappeler d'emblée à l'orée de ce livre que nos stéréotypes persistants français sont très inadaptés à l'intelligence de ces deux phénomènes. On peut en donner, parmi d'autres, trois exemples.

D'abord ils ne commencent pas, comme certains l'imaginent parfois, avec la Seconde Guerre mondiale mais bien avant, tôt au XIXe siècle, même si, vers le milieu de ce siècle, en Argentine seule la colonie étrangère de Buenos Aires est importante.

Ensuite, l'Argentine a été une des destinations d'élection de l'émigration européenne de la seconde moitié du XIXe siècle et de la première moitié du XXe siècle : elle était aussi attractive que les États-Unis pour les émigrants chassés par la pauvreté, les persécutions ou les remodèlements de frontière : des terres tempérées disponibles et des gouvernements accueillants aux populations européennes et blanches susceptibles de peupler et « blanchir » leur territoire constituent, pour ceux qui n'ont rien ou plus rien, des reflets très brillants ; rappelons que beaucoup d'immigrants européens au Brésil ne sont ainsi arrivés là que par défaut, par impossibilité d'atteindre les rivages du Rio de la Plata.

Enfin, le port de Buenos Aires, même aux heures de la Seconde Guerre mondiale ou après la guerre, est demeuré

---

4. René Le Conte, « Les débuts de l'immigration allemande en Argentine », *Journal de la Société des Américanistes*, 1922, vol. 14, pp. 236-237.

largement ouvert à tous les immigrants venus du Vieux Monde, juifs comme anciens nazis, alors même que certains pays du continent, comme le Brésil de l'autoritaire Getúlio Vargas, ont mis en place des limites, numériques ou financières, à certaines immigrations... En français, les ouvrages de Jean-Pierre Blancpain ont rappelé avec force détails depuis quelques décennies ce fait bien connu aussi bien Outre-Rhin qu'Outre Atlantique[5].

Dans le domaine culturel et scientifique, l'Allemagne n'est nullement absente des esprits de cette Amérique méridionale, même si l'héritage hispanique et latin est essentiel. Si le modèle culturel et politique français domine largement les élites libérales en Amérique latine à la fin du XIXe et au début du XXe siècle[6], l'influence allemande en Amérique du Sud et en Argentine notamment a des racines qui ne sont pas seulement liées à l'implantation de « colonies » allemandes - au demeurant très importantes en Argentine, comme au Chili ou dans le sud du Brésil. Un ensemble de raisons justifie ce rayonnement : l'organisation militaire prussienne et la construction d'une fédération impériale consacrée par la défaite militaire française de 1870, jointes au développement économique (tardif mais accéléré) et scientifique de l'Allemagne, ont attiré les regards latino-américains bien avant 1918. Dans le Brésil impérial voisin, jusqu'en 1889 les républicains ne s'inspiraient pas seulement des Lumières françaises et d'Auguste Comte, ni même du très influent modèle « de la démocratie en Amérique » mais, parfois aussi, d'horizons allemands, de Spencer et du naturaliste darwiniste Haeckel. En veut-on quelques exemples choisis à dessein

[5]. Jean-Pierre Blancpain, *Migrations et mémoires germaniques en Amérique latine*, Strasbourg, PUS, 1994. *Cf.* aussi du même auteur *Les juifs allemands en Amérique du Sud*, Paris, L'Harmattan, 2008.

[6]. Denis Rolland, *La crise du modèle français, Marianne et l'Amérique latine*, Rennes, PUR, 1999 (rééd. Paris, L'Harmattan, 2011).

hors de cette Argentine étudiée par cet ouvrage ? En 1880, refusant comme d'autres d'être du côté des « miettes de la civilisation française », le philosophe brésilien Tobias Barreto confiait à un journaliste allemand son adhésion à la « modernité » de la culture allemande et son refus du « vieux sentier du *francesismo* » qui « se perd souvent dans le sable »[7]. Toujours dans le Cône Sud mais de l'autre côté de la cordillère, un Français écrit au Chili, vers 1900 : « Je ne veux certes pas dire qu'on ne nous aime plus, mais enfin, depuis trente ans, on admire beaucoup l'Allemagne et l'on craint l'Angleterre »[8] ; car, poursuit-il, dès les années 1890, certains Français ont fait le constat en Amérique du Sud de « la décroissance » de « l'autorité morale » de la France, jugée notamment par rapport au repère allemand : « On nous tenait toujours pour le peuple le plus vif et, si l'on veut, le plus divertissant de l'univers. Mais s'agissait-il de pédagogie ? On invoquait l'Allemagne. De science pure ? Encore l'Allemagne. De philosophie ? Toujours l'Allemagne. Je visitai à Santiago du Chili l'Institut pédagogique, dont le directeur était allemand, et dont la bibliothèque était encore plus allemande que le directeur [...]. Le vieux recteur de l'Université [...] était féru de systèmes allemands. Quand un jeune homme, futur médecin ou futur professeur, désirait achever son éducation en Europe, il allait à Berlin. S'il voulait uniquement s'amuser, il prenait le chemin de Paris »[9]. Cette concurrence entre la France et l'Allemagne est bien avérée sur le sous-continent latin, dès avant la Première Guerre mondiale. Depuis la guerre du Paraguay (1865-1870), des militaires brésiliens séjournent dans l'armée allemande

---

7. Cité par Leyla Perrone-Moisés, « Gallophilie et gallophobie dans la culture brésilienne, XIXe et XXe siècle », in K. de QueirósMattoso, I. Muzart et D. Rolland (dir.), *Le Brésil et les modèles de l'Europe,* Colloque 1999 du CEB, Paris, PUPS, 2000.

8. André Bellesort, *in* Pierre Foncin (dir.), *La langue française dans le monde*, Paris, Alliance française, 1900, p. 245.

9. André Bellesort, *art. cité*, p. 247.

et, comme on l'a signalé, des groupes de stagiaires sont admis dans les Écoles de guerre allemandes[10]. Et le ministère français des Affaires étrangères déplore les effets de ces séjours sur les jeunes officiers : « Quand ils reviennent dans leur Patrie, ils rentrent tout imbus d'une admiration exclusive pour les chefs de l'armée impériale, pour leurs méthodes stratégiques, pour le matériel militaire employé en Allemagne, tout pénétrés aussi de la culture germanique dont ils se feront [...] les propagateurs »[11].

Dans le domaine économique, comme on le lit dans une étude française de 1918, l'Allemagne se place, « particulièrement en Amérique latine », dans le « rôle extraordinairement profitable de courtier international »[12]. Après la Première Guerre mondiale, la République de Weimar maintient une active propagande anti-française en Amérique latine : une propagande violente dont les archives françaises conservent de multiples traces, du Mexique au Chili. Les missions scientifiques y prennent rapidement pied, les contacts militaires se renouent tandis que l'émigration et la colonisation allemandes croissent en Amérique du Sud avec des destinations plus fréquentées : si, au dix-neuvième siècle, environ un émigrant allemand sur soixante se dirigeait vers l'Argentine, c'est un sur douze entre 1920 et 1932 et un sur dix entre 1933 et 1945[13]. Parallèlement, la présence économique allemande, plus ou moins appuyée sur des « colonies » nombreuses et accrues durant le premier quart du siècle, se renforce rapidement. En 1922, le diplomate et

[10]. Cf. Manuel Domingos Neto, « L'influence étrangère et la formation des groupes et tendances au sein de l'armée brésilienne », in Alain Rouquié (dir.), *Les partis militaires au Brésil*, Paris, FNSP, 1980, p. 47.

[11]. Affaires étrangères au ministère de la Guerre, n°761, 25-09-1908, SHAT, cité par M. Domingos Neto, art cité, p. 47.

[12]. Armand Petitjean, *La concurrence internationale et les sympathies françaises en Amérique latine*, Paris, Imprimerie nationale, 1918, p. 24.

[13]. Anne Saint Sauveur-Henn, *Un siècle d'émigration allemande vers l'Argentine, 1853-1945,* BöhlauVerlag, Köln, 1995, p. 250.

écrivain Jean Giraudoux écrit, dans le roman *Siegfried et le Limousin* : « Allemagne, ton heure vient peu à peu. Déjà la Bolivie a repris sa mission vétérinaire allemande, déjà [...] l'Argentine acclame nos botanistes »[14].

Un des signes les plus manifestes de ce développement des positions allemandes en Amérique du Sud est celui des transports aériens. Tandis que la France, pionnière avec l'Aéropostale, peine à maintenir ses positions, surtout après la crise de 1929, l'Allemagne acquiert, à la fin des années vingt et durant les années trente, des positions déterminantes dans le transport aérien régional : à partir de 1927 au Brésil (Sindicato Condor, Cia Varig, filiale du précédent), au Pérou (filiale de la Lufthansa), en Équateur (SEDTA), en Bolivie (Lloyd Aéreo Boliviano), en Colombie (SCADTA)[15]...

Les Français, souvent plus soucieux, même sur le champ latino-américain, de l'antagonisme franco-allemand que d'une évaluation globale, en prennent ombrage. Ainsi, quelques années après la Première Guerre mondiale, dès 1922, le dynamisme économique allemand est notable en Amérique du Sud : « Si la France intellectuelle rayonne outre-Atlantique, la France matérielle s'y laisse, tout comme avant la guerre, éclipser par l'Allemagne. La victoire a eu beau nous donner là-bas un magnifique prestige, les Allemands, grâce à la modicité de leurs prix de vente, envahissent tous les marchés, et leurs produits s'étalent partout, tandis que les nôtres... Bref, le cœur des Sud-Américains est pour nous, mais leur bourse, et ce n'est pas

---

[14]. Jean Giraudoux, *Siegfried et le Limousin*, Paris, Grasset, 1922, p. 138.

[15]. C. Beals, « Totalitarian Inroads in Latin América », *Foreign Affairs*, 10-1938, vol.17-1, pp. 78-89. M. Hall, W. Peck, « Wings for the Trojan Horse », *Foreign Affairs*, 01-1941, vol. 19-2, pp. 347-369. J.I.B. Mc Culloch, « Elimination of Axis Airlines in the Americas », *Foreign Policy Reports*, 02-1942, p. 296. Les États-Unis (Pan Am) se substituent à l'Allemagne (Condor) pendant la Seconde Guerre mondiale mettant à profit la solidarité panaméricaine – Argentine exceptée.

trop leur faute, est pour nos adversaires. Devons-nous accepter cette revanche des vaincus de la Marne ? »[16]

L'Allemagne fait aussi un important effort pour améliorer la connaissance de l'Amérique latine de ses ressortissants : cinq Instituts spécialisés sur l'Amérique latine sont rapidement mis en place entre les deux guerres mondiales et généreusement financés, avec le souci de former tous ceux qui ont quelque chose à y faire.

Bien sûr, dans les années 1920 et 1930, les gouvernements totalitaires de l'Italie et de l'Allemagne surtout (bien qu'il ne faille pas négliger l'exemple précoce du Portugal salazariste pour le fonctionnement de l'*Estado Novo* au Brésil), exercent une réelle séduction sur une partie de la population latino-américaine ; en particulier sur les catégories les plus conservatrices des élites et sur les classes moyennes naissantes gravement affectées par la crise mondiale commencée en 1929.

La séduction des modèles fasciste puis nazi est confortée par une nette croissance des échanges commerciaux[17]. Elle est partiellement relayée par d'actives « colonies » : en 1941 plus de 500 000 Allemands en Amérique du Sud dont 89 000 au Brésil[18] (avec 87 sections du NSDAP en 1937[19]) et 60 000 en Argentine, auxquels il faut ajouter localement 200 000 Argentins d'origine germanique avec 120 écoles et plus de deux cents clubs[20]. Deux grandes nuances s'imposent

---

[16]. Louis Mandin, *L'Intransigeant*, cité par la *Revue de l'Amérique latine,* n°1, 01-1922, p. 78, à propos des impressions de voyage en Amérique du Sud du poète Paul Fort.

[17]. Pour le Brésil, entre 1932 et 1938, de 1,7 % des importations allemandes à 3,9 % et de 0,8 % des exportations à 3,1 %.

[18]. Citoyens allemands. Instituto Brasileiro de Geografia e Estatística, *Recenseamento Demográfico*, 1940, p. 14.

[19]. L.P. Motta, H.J. Barbosa, *El nazismo en el Brazil*, Buenos Aires, Claridad, 1938, p. 58 et A.-A. Jacobsen, *NationalsozialistischeAussenpolitik, 1933-1938*, Frankfurt am Main, Metzner, 1968, p. 550.

[20]. Comité d'investigation de la Chambre des députés argentins, cité par Orlando L. Peluffo, in *Dictionnaire diplomatique*, Paris, Académie diplomatique

toutefois. D'une part, si une majorité des Allemands d'Amérique latine soutient le mouvement national-socialiste, l'affiliation au parti nazi est relativement modeste, variable d'une région à l'autre et d'un pays à l'autre et les immigrés allemands sont partout profondément divisés[21], beaucoup plus que ne le furent jamais les groupes français ; l'Argentine accueille aussi nombre de réfugiés antifascistes ou persécutés par les nazis, juifs en particulier. D'autre part, le constat fait en 1938 au Brésil par la diplomatie allemande est valable ailleurs : « Si l'on arrivait à un point critique où les Allemands du Brésil se trouvaient devant l'alternative culture brésilienne - culture allemande, ils choisiraient le Brésil »[22]. Enfin, ajoutons que l'Amérique latine a su être une terre d'accueil des opprimés du Reich et de cette Europe totalitaire des « années noires » : qu'on pense à Stefan Zweig et sa compagne, exilés au Brésil et choisissant, face à la noirceur des temps, de s'y suicider ; à Roger Caillois, préférant s'installer en Argentine en attendant des cieux plus clairs, merveilleusement accueilli par Victoria Ocampo…

Autre élément qui vient combattre toute appréciation simplificatrice, de nombreux immigrés juifs d'origine allemande refusent de s'engager contre l'Allemagne nazie : ils veulent vivre « sans se faire remarquer » dans leur nouvelle patrie ; ce sentiment est renforcé lorsque celle-ci se déclare neutre. Ainsi, en 1939, l'association des juifs germanophones de Buenos Aires souligne : « Nous sommes des citoyens et faisons partie de ce pays, nous devons donc nous plier sans critique à ses décisions ; en conséquence, nous ne devons en aucune manière prendre part activement au conflit, ni en participant directement, ni en agissant

---

internationale, 1947, p. 106. (Cf. aussi V. Hugo Fernandez Artucio, *The nazi octopus in South America,* qui exagère beaucoup certains phénomènes).

21. Anne Saint Sauveur-Henn, *ouvr. cité*, p. 551 sq.

22. PAAA, n°1, pol. IX 341, 03-03-1938 cité par Ricardo A.S. Seitenfus, *O Brasil de Getúlio Vargas e a formação dos Blocos, 1930-1942,* São Paulo, Companhiaeditoranacional, 1985, p. 186.

indirectement, nous devons au contraire contribuer à maintenir la guerre à l'écart de nos demeures »[23]. Pour qui connaît un peu l'Argentine, notamment les provinces de Buenos Aires, de La Pampa ou de Patagonie, on constate rapidement à la fois la superposition et la juxtaposition des générations d'immigration ou d'exil : tandis qu'en milieu rural l'on note aisément la trace de colonies allemandes issues de l'émigration économique du XIXe siècle ou du début du XXe, on trouve aussi d'autres colonies allemandes très notablement marquées par le refuge de nazis, qu'il s'agisse de marins échoués dans l'estuaire de la Plata pendant la guerre ou de réfugiés d'après la défaite du Troisième Reich ; mais pensons aussi que l'on va souvent trouver à peu de distance de ces dernières communautés, des communautés juives, d'exilés des confins orientaux de l'Europe victimes de pogroms mais aussi de juifs d'Allemagne ou des pays passés sous domination hitlérienne.

La séduction de ces modèles autoritaires est également insufflée par une diplomatie et des missions (allemandes) très dynamiques, pour la plupart des Latino-Américains formés en Allemagne[24]. Rappelons ici, puisqu'il s'agit d'un livre écrit par une jeune et brillante officier de l'armée française, qu'entre les deux guerres mondiales, les académies militaires allemandes ont largement ouvert leurs portes à leurs homologues latino-américains, quand les institutions similaires françaises ne les ouvraient que très timidement – l'armée française intervenant il est vrai directement, *in situ*, dans cette formation militaire sud-américaine.

La puissance d'attraction regroupe en fait deux caractéristiques différentes.

---

[23]. « UnsereStellungimKrieg », *Mitteilungsblatt*, VI, 67, 10-1939, p. 1. Cité par Anne Saint Sauveur-Henn, *ouvr. cité*, p. 559.

[24]. Dans les domaines militaire et chimique (pharmaceutique...) notamment.

Il y a tout d'abord la séduction politique du modèle autoritaire, tout autant en raison de son aspect martial et efficace que de certaines similitudes dans le mode de fonctionnement du pouvoir, local ou national. En Argentine, José Felix Uriburumène un coup d'État contre Hipólito Yrigoyen en 1930 et ouvre alors une décennie autoritaire, la « décade infâme », peu amène avec les immigrants politisés. En 1932 est constitué le Parti fasciste argentin ; en 1935, Manuel Fresco, ennemi de la « particratie » et du régime « bourgeois, capitaliste, athée, libéral et matérialiste »[25], admirateur de Mussolini et d'Hitler est élu gouverneur de la province de Buenos Aires... Le putsch militaire de 1943 ne modifie pas la neutralité officielle argentine et Buenos Aires maintient longtemps des liens avec l'Allemagne et n'entre en guerre aux côtés des Alliés qu'en mars 1945. Ces similitudes ont aussi des traductions concrètes dans le domaine de l'anticommunisme (et de l'antisémitisme), avec un exemple extrême au Brésil : lorsqu'en 1936, Rio et Berlinélèvent leurs représentations au rang d'ambassades, la collaboration entre les polices politiques respectives se développe[26]. En août est ainsi décidée l'expulsion de la compagne du dirigeant communiste brésilien Carlos Prestes : Olga Benário (Erna Kruger), bien que brésilienne par mariage et enceinte[27], est arrêtée, déportée et meurt en Allemagne. Elise Ewert, épouse d'un ancien député du *Reichstag* est de même remise aux autorités allemandes.

Cette séduction des modèles totalitaires européens est aussi celle d'une nation humiliée mais forte, l'Allemagne défaite de 1918, capable, par ses propres moyens rassemblés autour d'un chef charismatique, de soulever le joug imposé par des métropoles démocratiques et impérialistes coalisées :

---

[25]. Felipe Pigna, *Los Mitos de la Historia Argentina,* vol. 3, Buenos Aires, Planeta, 2006, p.286 et 297.

[26]. Ricardo A.S. Seitenfus, *ouvr. cité*, pp. 86-90.

[27]. Elle sera fusillée à Ravensbrück en 1942.

un modèle - la référence est exprimée ou non, avouée ou non - pour nombre de Latino-Américains rêvant d'une indépendance nationale mieux assurée face aux impérialismes européens (britannique en premier lieu) et nord-américain. Même l'Italie fasciste, insatisfaite des traités de paix, montre au monde avec l'invasion de l'Éthiopie, sa puissance par rapport à l'immobilisme des démocraties. La Guerre civile espagnole et l'appui de ces deux puissances à la rébellion nationaliste satisfont une partie de la population latino-américaine et d'abord le camp politique traditionnel, en Argentine comme ailleurs en Amérique latine, et montrent à nouveau la faiblesse des démocraties : les régimes anti-démocratiques mis en place en Europe par Salazar, Mussolini, Hitler puis Franco, constituent un ensemble de modèles pour nombre de mouvements politiques développés en Amérique latine, dans les années 1930, en Argentine, comme au Chili ou au Brésil, pour qui la démocratie libérale et le parlementarisme seraient le produit de ces impérialismes et des importations inadaptées aux réalités sud-américaines.

Deux nuances importantes doivent cependant être formulées.

D'une part, la plupart des recherches concluent qu'il n'existe pas en Amérique latine les conditions économiques, sociales et psychologiques qui contribuent à l'essor politique des fascismes en Europe[28]. Cherchant des solutions à la Grande dépression, certains secteurs des sociétés latino-américaines, parmi lesquels on rencontre des officiers, des membres des classes dirigeantes, des politiciens et des intellectuels (mais la liste n'est pas close), réagissent aux grands thèmes que sont l'anticommunisme, l'anticapitalisme, le militarisme, l'honneur national, la famille... Ils peuvent penser trouver dans ces nouveaux modèles venus d'Europe

[28]. Cf. Alistair Hennessy, « Fascism and Populism in Latin America », *in* Walter Laqueur ed, *Fascism: A Reader's Guide*, Berkeley, 1976, pp. 255-260.

une panacée aux difficultés du temps et l'opportunité de rejoindre un vaste mouvement international que rien ne paraît arrêter. Le poids des résistances locales comme les limites du pouvoir de séduction de ces modèles semblent néanmoins toujours demeurer prépondérants[29]. Ainsi, en Argentine, si beaucoup d'auteurs et de témoins ont souligné qu'il ne fallait pas sous-estimer l'influence nazie dans les années 1930[30], d'autres ont montré que les milieux nationalistes, d'abord anti-américains, étaient très divisés sur la relation à l'Allemagne nazie : les groupes catholiques les plus hispanophiles dénoncent alors « quatre siècles d'apostasie » allemande qui ont commencé avec la Réforme ; et d'autres groupes nationalistes ironisent sur la perspective d'une nouvelle dépendance, rappelant le « nationaliste » Alvear qui, avec d'autres, pendant la révolution de mai 1810 « ont contribué à notre indépendance de l'Espagne seulement pour nous faire dépendre des Anglais »[31]. Et les Allemands eux-mêmes ne sont pas très convaincus de l'enracinement de leur influence : un diplomate allemand écrit que « le sentiment anti-anglais [...] ne doit pas être interprété comme pro-allemand [...]. La nouvelle Allemagne est considérée comme anti-culturelle [...] en raison de sa prétendue menace sur l'Église catholique »[32].

C'est à ce stade qu'il faut, d'autre part, bien considérer le phénomène de « créolisation » de ces importations. Première organisation de masse au Brésil,

---

29. Cf. l'exemple donné par Orazio Ciccarelli, « Fascism and Politics in Perduring the Benavides Regime, 1933-1939: The Italian Perspective », *HAHR*, 70:3, août 1990, pp. 405-432.

30. Raúl Prebisch, « Argentine Economic Policies since the 1930s - Recollections » *in* Guido di Tella and D. C. M. Platt eds, *The Political Economy of Argentina, 1880-1946*, London, 1986, p. 146.

31. Cité par Carlos Ibarguren Jr., *Roberto de Laferrère (periodismo-política-historia), Buenos Aires, 1970*, p. 94.

32. Selon un diplomate nazi à Buenos Aires, septembre 1939, cité par Stewart Edwin Sutin, *The impact of Nazism on Germans of Argentina*, Ph.D., University of Texas, 1975, p. 68.

l'intégralisme brésilien identifie parmi ses ennemis « le libéralisme, le socialisme, le capitalisme international et les sociétés secrètes liées aux Juifs et à la maçonnerie »[33]; sa nature, son organisation hiérarchique, le style du chef et les rituels peuvent difficilement s'expliquer sans une référence externe. Mais l'intégralisme brésilien possède des racines idéologiques éclectiques ; il n'a nullement pour origine un simple mimétisme idéologique : il cherche à « catholiciser » et à « brasilianiser » certaines idées, dont le corporatisme, de l'*Estado Novo* salazariste (traditionnalisme social et religieux), du fascisme italien (étatisme romain), voire du national-socialisme allemand : l'antisémitisme est cependant plus répandu chez les militants que chez les doctrinaires[34].

Certains gouvernements autoritaires conservateurs d'alors (et les élites qui les accompagnent) puisent dans ces constructions autoritaires européennes des idées de symboles, des références, des méthodes ou, peu souvent, des institutions : Uriburu en Argentine[35] (1930-1932) mais aussi Ubico au Guatemala (1931-1944), Batista à Cuba (1940-1952) et Benavides au Pérou (1933-1939)[36] notamment. Mais ils y puisent à des degrés divers et rarement de manière

[33]. Hélgio Trindade, *La tentation fasciste au Brésil dans les années trente*, Paris, M.S.H., 1987, p. 137.

[34]. Les liens à l'Europe sont conscients. Le chef intégraliste, Plínio Salgado, mêle son admiration pour le fascisme italien à des idées venues de l'intégralisme portugais ; mais, par nationalisme anticosmopolite, il minimise l'influence fasciste sur l'intégralisme brésilien. Le « Secrétaire national à la doctrine » du mouvement, Miguel Reale, pour qui Mussolini est « un architecte génial », écrit : « Il n'y a rien d'extraordinaire à ce que nous soyons *nationalistes brésiliens* et qu'en même temps, nous nous réclamions de valeurs qui se trouvent aussi dans des mouvements fascistes européens, comme celui de Mussolini, de Hitler et de Salazar ».

[35]. Parvenu au pouvoir, il rejette l'étiquette « fasciste » et affirme que le fascisme, « doctrine étrangère » est « inappropriée » pour l'Argentine ; les critiques venues de sa droite dénoncent même son « libéralisme » et voient en lui « le langage et les idées de la Révolution française ».

[36]. En 1934, report des élections prévues et politique mêlant répression et paternalisme. En 1936, annulation des élections, dissolution de l'Assemblée et installation d'un gouvernement composé de militaires.

explicite. Posant l'argumentaire minimal d'une certaine germanophilie, un ambassadeur argentin déclare, alors que la Seconde Guerre mondiale a commencé en Europe, alors que le nouveau ministre des Affaires étrangères argentin, Enrique Ruiz Guiñazú, est un fervent admirateur de l'Espagne de Franco et alors que le peu de consistance de l'accord commercial en cours de négociation avec les États-Unis n'est pas encore venu renforcer le désappointement argentin[37] : « Entre l'hégémonie allemande et l'hégémonie nord-américaine, nous préférons la première, parce que les Allemands sont beaucoup plus loin »[38]...

Nous ne continuerons pas plus avant cet exposé de l'importance qu'il y a à comprendre mieux cette présence allemande, aussi bien son héritage que son actualité, en Argentine et dans les pays voisins. En outre, si la bibliographie est conséquente, en allemand comme en espagnol ou en portugais, elle est très modeste en français où deux auteurs, Anne Saint-Sauveur-Henn et Jean-Pierre Blancpain, se détachent dans un paysage bibliographique fort mal équipé. C'est pour cela qu'une nouvelle étude, fût-elle de synthèse, est toujours appréciable. Lorsqu'elle provient qui plus est des milieux de la formation militaire, elle donne un signe supplémentaire d'une évolution des cultures européennes et de leur attention aux évolutions des périphéries occidentales ; elle donne aussi une idée très favorable de la construction, avec celle de l'étranger proche,

[37]. Signé en octobre, il n'ouvre pas les États-Unis à la production animale et céréalière argentine. Et Washington donne l'impression qu'il ne s'agit de toutes les façons que d'un expédient pour la durée de la guerre, sans infléchissement notable de la politique américaine envers l'Argentine.

[38]. Selon l'ambassadeur français (archives du ministère français des Affaires étrangères, G.39-45, VAm., Colombie, politique extérieure (16), 12-09-1941, Hélouis).

de moins en moins étranger et de mieux en mieux connu et apprécié, de l'identité européenne.

Denis Rolland
Professeur, Université de Strasbourg
Directeur du groupe de recherche Frontières, Acteurs et Représentations de l'Europe
Directeur d'études, Sciences Po Paris
Membre de l'Institut Universitaire de France

INTRODUCTION

« Il n'y a pas eu en Amérique latine un pays d'accueil tel que le nôtre », écrit l'écrivain Marcos Aguinis, dans son livre intitulé *L'atroce enchantement d'être argentin*[39]. Il cite notamment Octavio Paz, pour qui « les Mexicains descendent des Aztèques, les Péruviens des Incas et les Argentins des bateaux... ».

En effet, avant sa colonisation, le territoire de l'actuelle Argentine était habité par différentes populations autochtones d'origine indienne, dont certaines (dans le Nord) faisaient partie de l'Empire inca. Une partie de cette population était constituée de nomades, qui chassaient et pêchaient pour assurer leur subsistance, tandis que d'autres vivaient de l'agriculture, de l'artisanat et pratiquaient des échanges commerciaux. Les Espagnols commencèrent à coloniser l'Argentine au XVIe siècle, en particulier Díaz de Solis, qui débarqua dans la région du Río de la Plata en 1516. Au début, la colonisation se fit lentement, mais elle se poursuivit plus rapidement au XVIIIe siècle, notamment en raison d'une migration en provenance des autres colonies espagnoles d'Amérique du Sud.

À partir de 1870 et en raison d'une politique migratoire active de la part de l'État argentin, l'afflux d'immigrants fut impressionnant. À la fin du XIXe siècle et au début du XXe, en Europe et en Asie, malgré la traversée hasardeuse des océans, il fut aisé de constater que de toutes parts la proue des vaisseaux se dirigeait soit vers New York, soit vers Buenos Aires. Les deux villes rimaient avec liberté et merveille.

En effet, la Constitution de 1853 permit à l'Argentine d'ouvrir ses portes à tous ceux qui voulaient l'habiter. À la

---

[39] AGUINIS, Marcos, *El atroz encanto de ser argentinos*, Buenos Aires, Editorial Planeta, 2001, p51.

moitié du XIXe siècle, la politique migratoire menée par l'État national argentin fut de faire venir des millions d'hommes et de femmes de l'autre côté de l'océan, qui partirent à la recherche d'un meilleur avenir. Cela provoqua une croissance démographique vertigineuse. En 1869, 12,1 % des habitants de l'Argentine étaient étrangers et en 1914 le pourcentage atteignit 30,3 %. L'Europe s'était transformée en un lieu inhospitalier en raison de la faim, du chômage mais aussi des guerres et des conflits religieux.

Le continent américain, notamment les pays de la côte atlantique, dont l'Argentine, se présentait comme une destination favorable pour de nombreux Européens (en majorité de pauvres agriculteurs) voulant se lancer à l'aventure pour réaliser le rêve de "faire l'Amérique". À Buenos Aires, les immigrants déboulaient des bateaux par d'étroits escaliers et de là se rendaient à l'Hôtel des Immigrants, sur la terre ferme, d'où ils pouvaient immédiatement retrouver leurs familles ou des compatriotes qui les aidaient à trouver un toît et un travail. L'hospitalité et la générosité argentines n'étaient pas seulement une légende.

Hôtel des immigrants - dortoir des femmes.

Paysans, ouvriers italiens et espagnols, Irlandais, juifs de l'Europe de l'Est et du Moyen-Orient commencèrent à débarquer. Ils fuyaient les persécutions religieuses et des conditions de vie difficiles. Des militants ouvriers, des anarchistes et des socialistes s'enfuirent également vers l'Amérique, persécutés en Europe pour leurs idées et leurs actions.

La pluralité des langues et des coutumes mélangées donna naissance à une culture urbaine, plus spécialement dans la région du Rio de la Plata, aujourd'hui palpable à travers la langue, la musique et les coutumes. C'est grâce à ce mélange, mais aussi à l'intégration de secteurs populaires indigènes, que de nouveaux dialectes apparurent.

Entre 1870 et 1929, environ 6 millions d'immigrants européens arrivèrent en Argentine. Un peu plus de 3 millions s´établirent de manière définitive dans le pays. Leur plus grand souhait était de devenir propriétaire d'une parcelle de terre à cultiver, ou du moins de trouver un emploi correctement rémunéré.

La vie pour ces immigrés ne fut pas simple. Bien que la production agricole ait été en plein essor pendant ces années, la plupart des immigrants ne réussirent pas à devenir propriétaires ni à s'établir dans des zones rurales.

Divers facteurs expliquent cette situation : les meilleures terres pour la production étaient déjà occupées et appartenaient aux grands propriétaires terriens, descendants pour la plupart des premiers colonisateurs ou immigrants. C'est la raison pour laquelle l'accès à la terre fut très difficile voire impossible pour les nouveaux arrivants ne disposant que d'un petit capital.

Les premières inégalités sociales, importantes et de nature structurelle, s'établirent. Malgré le passage du temps et les évolutions inhérentes, les inégalités sont aujourd'hui toujours d'actualité.

L'impact migratoire qui se produisit en Argentine fut très intense et incomparable par rapport aux autres pays qui accueillirent des immigrants. La population d'origine connut un retournement de situation sans précédent. Difficile de définir cette société, produit d'un « creuset ethnique », composée d'Italiens, d'Espagnols, d'Allemands, de Portugais, de Français, d'Irlandais, de Gallois, de Polonais, de Russes, de Syriens et de Libanais, d'Arméniens, de juifs...

Parmi ce large panel de communautés venues en masse sur le territoire argentin, une seule fera l'objet d'étude dans ce mémoire : la communauté allemande.

À partir de 1850 et ce jusqu'à ce jour, l'immigration allemande puis sa descendance eurent un impact non négligeable sur la société argentine.

Ce travail de recherche cherchera donc à décrire, à expliquer, à comprendre le mécanisme de cette influence allemande sur la société argentine.

Quel rôle ces Allemands ont-ils joué ? Comment se sont-ils intégrés ? Quelles modifications ont-ils apporté à la société ? Quelles sont aujourd'hui les répercussions tant sociales qu'économiques ou politiques ?

Face à la pauvreté des travaux de recherche abordant ce sujet, mes lectures se sont davantage portées sur les archives argentines. Autant l'influence française en Argentine soulève un réel intérêt sur notre territoire, autant l'étude de l'influence allemande sur l'Argentine ne suscite pas un grand intérêt. L'exploitation de textes argentins m'a donc permis d'être au plus près des réalités historiques, des questionnements, et des récentes évolutions. Sans surprise, il fut difficile de creuser la période du Nazisme et les migrations d'Allemands nazis en Argentine, sujet encore tabou, quoiqu'en réelle évolution, nous le verrons.

Si une recherche linéaire et chronologique du sujet aurait très bien pu refléter les réalités et répondre à la problématique, il m'a semblé plus intéressant d'étudier le sujet sous le prisme thématique. Nous analyserons donc dans un premier temps les influences culturelles allemandes, puis les influences économiques et enfin les influences politiques et militaires.

Timbre de 2005 représentant des immigrants allemands.

PREMIERE PARTIE
LES INFLUENCES CULTURELLES

CHAPITRE I

LES IMPORTATIONS CULTURELLES

« Voici quelques chiffres : nous avons en Argentine 45 000 citoyens avec un passeport allemand, et on estime à un million le nombre de descendants allemands dans le pays.»[40]

Or, cette immigration ne s'est pas faite en un jour. Trois grandes vagues d'immigration sont à étudier, intimement liées aux évolutions historiques.

1.1. Trois vagues d'immigration : trois apports différents

Indépendante depuis 1810, pourvue d'une constitution en 1853[41] (fondement de celle actuelle), au trois quarts peuplée d'Italiens et d'Espagnols, puis d'autres Européens, qui, à raison de 3 500 000 arrivèrent sur le territoire entre 1860 et 1940, l'Argentine est une mosaïque ethnique et culturelle qui recherche instinctivement, depuis 120 ans à peine, à travers les péripéties de son histoire mouvementée, les composantes de son ciment national.

[40] Troisième cycle de rencontre à la fondation Adenauer- 2009 - Sr. Embajador (ambassadeur allemand) Dr. Günter Kniess - « Unas cifras: tenemos en la Argentina unos cuarenta y cinco mil ciudadanos con pasaporte alemán, y se estima que son alrededor de un millón de descendientes alemanes en el país ».

41 Artículo 25 de la constitucion de 1853: "El Gobierno federal fomentará la inmigración europea; y no podrá restringir, limitar ni gravar con impuesto alguno la entrada en el territorio argentino de los extranjeros que traigan por objeto labrar la tierra, mejorar las industrias, e introducir y enseñar las ciencias y las artes".

A ceux qui échappèrent à la couronne d'Espagne, au sortir de trois siècles de tutelle, et qui ont vu s'implanter chez eux, dans un pays où tout était à faire pour assurer son indépendance, des Polonais, des Français, des Turcs, des Syriens, des Allemands…, des juifs en quête de terre promise, il n'est pas facile d'absorber d'un coup cette diversité dans les plis de leur drapeau bleu et blanc.

1.1.1. De 1850 à 1930

Depuis 150 ans, l'Argentine et l'Allemagne tissent des relations étroites. Le point de départ fut la signature, en 1857 à Parana, d'un « traité d'amitié, de commerce et de navigation » entre le royaume de Prusse et l'Argentine. L'Argentine prit un tournant qui allait faire tomber bien des pans de son passé colonial. Plus sûr de lui-même, plus maître de son territoire, le pays se détourna du reste de l'Amérique latine pour se construire une identité et des projets fondés sur ses racines européennes, d'autant que, dans une nation qui adhérait sans ambigüité au libéralisme, allait affluer une immigration sans précédent qui aurait une portée considérable sur la vie sociale, culturelle et économique.
« Peu à peu, naissent deux principes constants à la politique extérieure argentine : des rapports privilégiés avec l'Europe, tendance que seule réussirait à infléchir l'influence des Etats-Unis à partir de 1914-1918, et une position isolationniste vis-à-vis des autres pays latino-américains. Bien au-delà de la gestion des affaires étrangères, ces positions vont de pair avec le sentiment très profondément ancré dans chaque Argentin que ce qui est européen est plus proche de lui, plus familier, que ce qui provient de tout autre pays d'Amérique latine »[42].

[42] STURZENEGGER-BENOIST, Odina, *L'Argentine*, Paris, Editions Kartala, 2006, p 95.

L'immigration allemande, caractéristique de cette période eut de fortes répercussions sociales. Le processus est unique. En 1853, pour une population argentine qui n'atteignait pas le million d'habitants, on comptait 3200 étrangers, alors que, entre 1881 et 1914, arrivèrent un peu plus de 4 200 000 étrangers. Tous ne restèrent pas, mais le solde migratoire était élevé. Il était de 10 000 personnes par an de 1880 à 1890, il s'élevait à 64 000 au cours de la décennie suivante, pour monter à 112 000 lors de la première décennie du XXe siècle.
Entre 1885 et la Première Guerre mondiale, la population argentine doubla de volume avec l'arrivée de plus de 3 millions d'immigrants européens, parmi eux 100 000 parlaient allemand. Beaucoup de noms d'immigrants allemands du XXe siècle trahissent encore cette empreinte: Altgelt, Born, Braun, Bracht, Bunge, Bullrich, Frers, Holmberg, Klappenbach, Mallmann, Meyer, Seeber, Stegmann, Tornquist, Zimmermann, Zuberbuhler et bien d'autres encore, qui font partie intégrante des « familles » du pays.
À leur arrivée, ils commencèrent à former de fortes communautés allemandes en Argentine mais plus spécifiquement à Buenos Aires. Ils créèrent leurs propres écoles, leurs hôpitaux, leurs magasins, leurs théâtres, leurs clubs sportifs et leurs banques.
Beaucoup de ces Allemands qui arrivèrent directement d'Allemagne et qui s'implantèrent dans la capitale s'assimilèrent à la classe moyenne, voire à la haute société argentine. Ils réussirent à maintenir des liens étroits avec la culture allemande, offrant une éducation allemande de haute qualité à leurs enfants, s'assurant d'un éventuel retour au pays.
Comme exemple de cette volonté d'asseoir sa culture, on peut citer le journal *Argentinisches Tageblatt*, qui fut fondé par un immigrant suisse mais, qui dans les années 30, devint

le principal outil pour exprimer les idées contraires à l'Allemagne Nazie.

Le but initial de la politique d'immigration était de peupler l'Argentine sur tout son territoire, mais l'inflexibilité des grands propriétaires vis-à-vis de la question de la terre avait empêché l'implantation d'immigrants sur une grande partie des terres récemment conquises.
La plupart des nouveaux arrivés se concentrèrent dans les villes les plus actives des régions littorales et centrales. Comme nous le verrons plus tard, l'influence architecturale allemande s'inscrit notablement sur les façades.
Aussi, pendant plus de 70 ans, plus de 70% de la population de la capitale était étrangère. Ce phénomène, par son ampleur, a affecté l'identité nationale. L'immigration allemande était-elle alors un facteur dynamique, capable de faire avancer la nation ? Ou conduirait-elle à remplacer la société argentine d'alors par une nouvelle société ?
Bien que l'on assista à des tensions et à des agressions, à moyen terme, rien n'empêcha jamais l'intégration et l'assimilation allemandes à la société argentine.
Cette immigration changea la structure sociale de la nation, et ce ne fut pas sans conséquences politiques et économiques. À la fin de cette période, quatre catégories composaient la société. La strate la plus élevée, celle qu'en Argentine on appelle « aristocratie » malgré l'absence ou l'extrême rareté des nobles, était formée par de grands propriétaires terriens, de grands commerçants, des avocats, des intellectuels renommés. C'est de cette strate qu'étaient issus nombre d'hommes politiques.
Elle représentait 1% de la population et elle était à l'époque fermée aux immigrants. Un deuxième groupe, qui comptait environ 8% de la population, formait la classe moyenne supérieure. Elle était prospère mais son prestige était moindre. La classe moyenne inférieure, estimée à 24% de la

population, ne possédait qu'un faible pouvoir économique et ne jouissait que d'une maigre considération, mais la mobilité sociale lui était ouverte. Ces deux classes moyennes, un tiers de la population, se nourrissaient d'immigrants allemands, qui s'adaptaient à cette configuration de la société argentine qu'ils contribuaient en même temps à forger. Tout en bas de la pyramide sociale, la classe inférieure, avec 67% du total, était tenue à l'écart du processus de modernisation de l'époque dont bénéficiaient les autres groupes sociaux. C'est dans cette société inégalitaire que les immigrants pouvaient trouver une place, souvent peu favorable, tout en ayant accès à des perspectives de mobilité ascendante dont beaucoup surent user.

L'influence de l'immigration toucha aussi le domaine politique[43], car peu à peu se fit entendre un murmure sourd, qu'on étouffait un jour, qui le lendemain, se libérait à moitié, qu'on enrayait encore mais qui à nouveau parlait plus haut que ceux qui le faisaient taire. L'Argentine avait reçu non seulement des individus en quête de travail et d'une vie meilleure, mais également des hommes engagés politiquement, que l'Europe de la fin du XXe siècle rejetait loin d'elle. Leurs idées de revendication sociale trouvèrent un terreau favorable dans certains secteurs d'une ville nommée Buenos Aires où, en 1887, 10% de la population était ouvrière. Un mouvement des travailleurs commença, lentement, à se constituer. L'agitation sociale s'amplifia. En 1902, le gouvernement ajouta à ses moyens de riposte la loi dite de « résidence » par laquelle il s'autorisait à expulser tout étranger qui commettrait un délit ou qui perturberait l'ordre social. Cette loi, ainsi que son application, fut la seule limitation apportée à une politique d'immigration qui demeura par ailleurs très libérale.

[43] Cf. troisième partie.

L'immigration, l'urbanisation, la montée du niveau scolaire allaient définitivement faire basculer dans le passé la vieille société coloniale dont ils étaient les derniers héritiers.
Ainsi, l'appel lancé par la constitution de 1853 à tous les hommes du monde désireux de vivre sur le sol argentin avait été entendu. Le pays ne cessait d'accueillir de nouveaux venus.
Mais le nombre d'immigrants déjà en place, auxquels s'ajoutaient ceux que l'Argentine continuait à attirer, exigeait la réussite de leur intégration. Ne serait-ce qu'en raison des masses à gérer, la tâche fut difficile : en 1912, le port de Buenos Aires vit débarquer le nombre record de 379 117 étrangers. Le recensement national de 1914 en dénombra 2 357 953 sur une population totale de 7 888 237 habitants. D'ailleurs, les rapports entre Argentins de souche et immigrants se tendaient. La loi de Saenz Pena fut fondamentale pour empêcher que l'Argentine ne se morcèle en un agréât conflictuel et cloisonné de natifs, d'étrangers et d'enfants d'immigrés. La loi sur l'éducation obligatoire et laïque avait été un premier pas pour faire des enfants d'immigrants des Argentins, le second pas fut la loi de 1912[44].
De 1918 à 1933, après la Première Guerre mondiale, l'immigration allemande s'intensifia. Cela s'explique par le durcissement des restrictions migratoires aux Etats-Unis et au Brésil, de même qu'aux conditions de vies difficiles en Europe.
Alors que les anciens germanisants, arrivés plus tôt sur le sol argentin, commençaient à ressentir les effets d'une crise culturelle due aux politiques d'assimilation, les nouvelles vagues d'arrivants, donnèrent quant à eux, une nouvelle vie

[44] La loi de Saenz Pena, signée le 10 février 1912, établit le vote secret et obligatoire ainsi que l'inscription au registre électoral – suffrage universel masculin. Favrise ainsi la participation politique des citoyens, la nationalisation de l'exploitation du pétrole et la diffusion de l'éducation universitaire.

aux institutions culturelles allemandes, et en créèrent de nouvelles. Entre 1905 et 1933, le nombre d'écoles allemandes s'éleva de 59 à 176.

1.1.2. De 1930 à 1950

Entre 1933 et 1940, l'Argentine reçut un nouveau flux d'immigrants allemands, dont la majorité était des exilés du régime national-socialiste.
Entre 1933 et 1939, 40 000 juifs trouvèrent refuge en Argentine. L'Argentine fut alors, avec les États-Unis, le pays qui accueillit le plus de réfugiés. Pour plus de la majorité d'entre eux, le retour en Allemagne après la Seconde Guerre mondiale fut impossible ou impensable. Ils développèrent, par contre, un fort attachement à leurs racines, à leur culture, parfois même idéalisée.
En 1937, on assista même à la création d'un comité d'aide aux personnes qui s'échappaient d'Allemagne, non seulement les juifs mais aussi ceux de toute autre origine. Ce nouveau comité au nom porteur d'espoir, "Das Andere Deutschland" ("l'autre Allemagne"), assistait financièrement les immigrés tout en leur apportant une aide médicale et légale. En 1949, certains, qui avaient fui le régime nazi, retournèrent au pays.
De 1933 à 1945, affirme Carlota Jackisch[45], « il y eut une "immigration involontaire", qui se caractérise par un haut niveau culturel. En effet, la majorité d'entre eux, professionnels et commerçants, durent apprendre à maîtriser le travail de la terre pour subvenir à leur besoin sur ce nouveau territoire. Un problème se posa alors et les immigrants se divisèrent en deux groupes : certains souhaitaient travailler pour défendre leurs idées, opposées au nazisme, d'autres, au contraire, demeurèrent de fervents

[45] Carlota Jackisch est docteur en Sociologíe et en sciences politiques. Elle a été directrice du programme politique de CIEDLA – Fundación Konrad Adenauer. Tiré de *El nazismo y los refugiados Alemanes en Argentina,* B.A, Belgrano, 1997.

défenseurs du nazisme en Argentine. Cette divergence eut des répercussions sur les moyens de communication et sur l'éducation. Ainsi, apparurent des journaux en faveur et contre le nazisme, des collèges dans lesquels, on trouvait des cours orientés sur le nazisme et d'autres, où on le rejetait fermement ». Malgré les restrictions migratoires, près de 30 000 Allemands, juifs et non juifs, qui fuyèrent le régime nazi, entrèrent en Argentine. Paradoxalement, en arrivant sur le sol argentin, ces Allemands découvrirent que leur communauté de la même origine nationale, était sous l'influence de groupes nationalistes-socialistes. Des associations, en passant par les écoles allemandes, beaucoup répondaient aux directives de la « Auslandsorganization der NSDAP »[46] en Allemagne.

Pendant le gouvernement du président Yrigoyen[47], l'extrême droite prit de l'importance, les doctrines totalitaires européennes pesaient sur cette société. Les attaques contre les familles juives ne manquèrent pas à cette période, à Buenos Aires. Ainsi donc, il y avait dans le nationalisme des échos de l'Italie fasciste et de l'Allemagne nazie. L'émergence de cette extrême droite faisait donc penser à l'influence du flux d'étrangers qui voulaient se faire une place en Argentine. Mais ce lien fut inexistant, le rôle de bouc émissaire n'ayant été dévolu qu'aux seuls juifs.
Puis le régime nazi gagna des adeptes en Argentine. En effet, les partisans de la neutralité avançaient deux arguments : suivre les Alliés dans une déclaration de guerre impliquerait pour le pays, qui avait jusque-là refusé toute association continentale, la subordination à l'hégémonie des États-Unis ; il fallait espérer une victoire allemande, qui briserait, par la

---

[46] Le NSDAP/AO était l'Organisation Internationale du "National Socialist German Workers Party » (NSDAP).
[47] Hipólito Yrigoyen (12 juillet 1852 - 3 juillet 1933), homme politique argentin, deux fois président de son pays du 12 octobre 1916 au 12 octobre 1922 et du 12 octobre 1928 au 6 septembre 1930.

défaite de la Grande-Bretagne, le lien de dépendance de l'Argentine envers le pouvoir économique anglais. Ces allégations d'indépendance politique et économique ne doivent pas faire perdre de vue que la phobie anticommuniste et la réprobation du système démocratique impliquaient déjà une parenté idéologique entre les nationalistes argentins de l'époque et le régime que subissait alors l'Allemagne.
A partir de 1943, le nouveau gouvernement, dirigé par le président Ramirez, dont le colonel Juan Perón, faisait partie, réaffirma sa position de « neutralité active » dans le conflit de la Seconde Guerre mondiale.
En janvier 1944, le gouvernement argentin, désireux d'acheter du matériel militaire à l'Allemagne, commissionna un agent secret nommé Hellmuth, citoyen argentin mais en même temps membre de la police secrète de Himmler, qui fut arrêté par les Alliés et avoua le but de sa mission. Les USA menacèrent le président Ramirez de rendre public ce qui semblait être la preuve de la collusion entre l'Argentine et le régime nazi. Ramirez dut accepter, ce qui provoqua une crise politique, un remaniement et permit à Perón d'accéder au poste de ministre de la Guerre. « Avec Juan Domingo Perón, la nation semble entrer de plain-pied dans le monde sorti de la Seconde Guerre mondiale. Massivement groupée derrière son « leader », elle semblait en pleine possession de ses moyens économiques, sociaux, culturels, face à la trop puissante Amérique du Nord, égale à des voisins entrés eux aussi dans ce nouveau monde, à distance d'une Europe encore meurtrie et divisée qui cherchait à revivre et prenait soudain conscience d'un nouveau danger à l'Est. »[48]

Au total, près de 45 000 Allemands arrivèrent donc à cette époque. Cette main d'œuvre qualifiée s'établit essentiellement à Buenos Aires. De 1933 à 1945, les

---

[48] F.de VILLEMAREST, Pierre, *Les stratèges de la peur*, Genève, Editions Voxmundi, 1980, p.8.

Allemands représentaient 28% du total de la population immigrante. Les Allemands s'établirent également à San Carlos de Bariloche, une ville de la province de Río Negro, à 1 650 km au sud-ouest de Buenos Aires au pied des Andes en bordure du Nahuel Huapi, dans le parc national du même nom, le plus ancien d'Argentine. Bariloche fut l'un des refuges en Amérique du Sud de dignitaires nazis en fuite. (Le SS Hauptsturmführer Erich Priebke, ainsi qu'Adolf Eichman ont résidé à Bariloche). À cause de l'importante population germanophone de la ville, qui compte un consulat honoraire de la République fédérale d'Allemagne, elle fut aussi l'un des refuges d'anciens serviteurs du Troisième Reich, comme Erich Priebke. Selon le Centre Wiesenthal[49], le médecin nazi du camp de Mauthausen, Aribert Heim, s'y cacherait encore.

1.1.3. De 1950 à 1960

Après la Seconde Guerre mondiale, la dernière vague d'immigration allemande ne se chiffre pas de manière importante. L'acculturation linguistique et culturelle ne se présente pas de la même façon. Ce flot migratoire ne se regroupa pas en masse comme le firent les Allemands des migrations antérieures ; et ils participèrent davantage à la culture existante. Le concept de germanophobie répandu à l'époque les contraignit à s'intégrer rapidement.

En 1949, les Allemands qui arrivèrent en Argentine étaient des dirigeants du mouvement national-socialiste, issus de différentes hiérarchies et professions, alors compromises en

[49] « Le Centre Simon-Wiesenthal est une ONG reconnue par les Nations unies et l'UNESCO, et basée aux États-Unis. Elle tire son nom de Simon Wiesenthal, ancien architecte autrichien qui a perdu de nombreux membres de sa famille dans la Shoah, et qui a ensuite mené un combat pour traquer les nazis qui s'étaient enfuis au moment de la chute du Troisième Reich, et pour les amener devant la justice. Le Centre se destine à la préservation de la mémoire de l'Holocauste et s'occupe de questions contemporaines, comme le racisme, l'antisémitisme, le terrorisme et le génocide ».Wikipedia.

Allemagne par le IIIe Reich. Le gouvernement de Perón leur ouvrit les portes du pays, des universités, des entreprises et créa une organisation spéciale pour aider ces ex-nazis.
Avec la chute de Perón, en 1955, beaucoup émigrèrent ensuite en Colombie.
Alors que ces vagues d'immigrations successives allemandes arrivaient sur le sol argentin à des époques différentes et avec des motivations et des aspirations diverses, le bagage culturel et gastronomique les accompagna.

1.2. Les influences gastronomiques

1.2.1. L'alimentation

La gastronomie argentine largement influencée de ses apports européens, ne s'est pas construite par imagination ou par création. Mis à part un ou deux plats, tous les mets argentins ont été importés par ses immigrants.
L'immigration allemande eut de fortes répercussions sur la cuisine argentine. Cette tendance est flagrante au vu des desserts.
Les gâteaux plus connus comme étant des viennoiseries sont d'origine allemande. Les croissants, appelés « demi-lunes » (de l'allemand *Halbmond*) sont les plus connus, et se trouvent sous deux formes: la première à base de beurre et la deuxième à base de margarine. Sont également d'origine allemande les *Berliner,* boules de farine frites, déclinées en *piononos* pour ceux enrobés de sucre. Les viennoiseries furent rebaptisées en noms espagnols, compte tenu de la difficile prononciation allemande, et revues dans leur conception par l'ajout de *dulce de leche* (confiture de lait). C'est également le cas du *Kreppel*, que l'on nomme *torta frita* en Argentine, qui fut introduit par les immigrants allemands, de même que la tarte *Achtzig Schlag*, qui porte le

nom de la tarte *Ochenta Golpes* dans tout le pays. De la même manière, la choucroute et beaucoup d'autres mets comme le « Bratwurst » (saucisse), sont des marques de l'influence culinaire allemande.

1.2.2. La bière Quilmes

« Quilmes Beer Company » est une fabrique de bière argentine, fondée en 1888 à Quilmes, province de Buenos Aires, par Otto Bemberg, un immigrant allemand. Sa fille María Luisa Bemberg prit la direction de l'entreprise jusqu'à sa mort, en 1995, et son fils, Carlos Miguens Bemberg en fut le directeur de 1989 jusqu'à sa démission le 17 mai 2006.

« Cervecería y Maltería Quilmes » est une des compagnies les plus importantes d'Argentine. Elle produit, élabore, distribue et commercialise des bières, mais aussi des eaux gazeuses, des eaux minérales, des jus de fruits, en liaison avec des entreprises internationales réputées comme Pepsi and Co et Nestlé.
La compagnie emploie 4700 salariés dans sa structure centrale, possède 10 installations et 8 centres de distribution. De plus, elle compte sur un réseau de plus de 200 distributeurs indépendants. Les investissements en technologie de production atteignirent les 420 millions de dollars entre 2006 et 2008, les exportations s'effectuent vers plus de 20 pays et un programme de Jeunes Professionnels lancés depuis 1991 (plus de 105 000 postulants), sont les témoins de la place de cette industrie sur la scène argentine et mondiale.
Depuis sa création en 1890, « Cervecería y Maltería Quilmes » s'est construite une trajectoire responsable entre le développement social et économique de l'Argentine.
« Cervecería y Maltería Quilmes » fait partie du groupe Anheuser-Busch InBev, la compagnie de bière

internationalement reconnue dont le siège se trouve en Belgique à Louvain.
Anheuser-Busch InBev compte sur un portefeuille de 200 actions et des opérations dans plus de 30 pays.[50]

1.3. Les influences architecturales

Obélisque de Buenos Aires

[50] http://www.cerveceriaymalteriaquilmes.com. Juillet 2010.

Les influences architecturales allemandes sont très présentes en Argentine et plus spécifiquement à Buenos Aires, dont voici quelques exemples :
L'obélisque de la ville de Buenos Aires a été conçu par l'architecte Alberto Prebisch, un Argentin descendant d'Allemands, et sa construction a été réalisée par l'entreprise allemande G.E.O.P.E- Siemens Bauunion - Grün & Bilfinger.
Les premiers architectes allemands en Argentine étaient jésuites. Ils s'établirent au 18e siècle. L'église la plus ancienne que l'on trouve à Buenos Aires, l'église Saint Ignace, fut construite par un Allemand, Juan Krauss (1664-1714), arrivé en 1697 sur le sol argentin. Lui succédèrent un nombre important d'ingénieurs et d'architectes allemands qui mirent au point d'innombrables travaux publics : ports, ponts, temples, collèges, et ce jusqu'à nos jours et sur tout le territoire argentin.
L'ancienne clinique « José de San Martin » de l'Université de Buenos Aires (1879-1881) fut également conçue par un Allemand (Felipe Schwarz), la ville de la Plata a été dessinée et construite sur plan par un Allemand (Carlos Glade, 1882), le parlement de La Plata (1882) a été construite par Gustavo Heine y Jorge Hägemann, la municipalité de cette même ville fut conçue par Humberto Stier, ainsi que le marché aux fruits de Avellaneda (152 000 m^2).

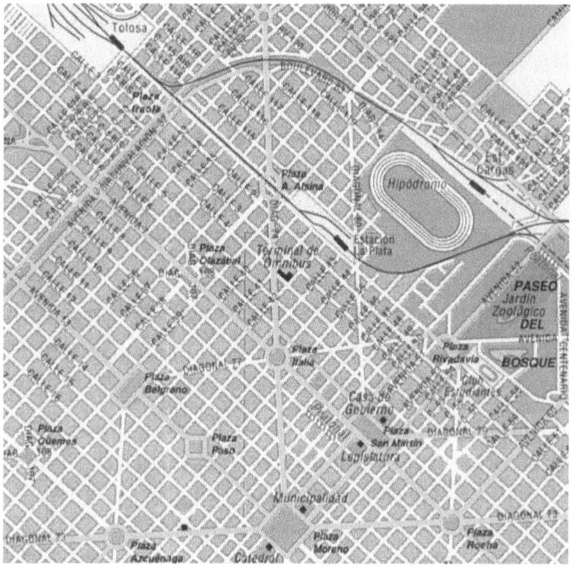

La ville de la Plata, construite sur plans, se caractérise par ses diagonales, ses lignes droites et la numérotation de toutes ses rues, témoin du rationalisme de l'époque. (www3.sympatico.ca)

La façade de l'église de San Francisco de Buenos Aires, quant à elle, fut restaurée en 1911 par Ernesto Sackmann. Le bâtiment Lahusen de Buenos Aires est également une de ses œuvres. L'ancien théâtre le *Coliseo* a été dessiné par Carlos Nordmann y Ernesto Meyer. Le bâtiment de Mitau et Gretter, la maison de Rogelio Yrutia et l'ancien club allemand, aujourd'hui club aéronautique, furent construits par Hans Schmitt. Le bâtiment Villalonga et le Marriott Plaza Hôtel (1909) sont les œuvres d'Alfredo Zücker. Le bâtiment de l'Editorial Kapelusz fut construit par Juan Kronfuss. Le premier président de la société des architectes fut Ernesto Bunge, le même qui amorça la construction de la *Penitenciaría Nacional* (1870), la chapelle de Santa Felicitas, l'Ecole normale des maîtres, et l'Hôpital pour enfants de Buenos Aires. Carlos Altgelt étudia en Allemagne et, en 1883, il créa le bâtiment de la direction générale des Ecoles de la Plata, mit sur pied l'école Petronila Rodriguez (aujourd'hui ministère de l'Education) et bien d'autres monuments.

Le palais de justice de La Plata fut le projet d'Adolfo Büttner, le musée provincial des Beaux Arts Emilio Caraffa de Córdoba fut construit par Juan Kronfuss et les installations militaires du *Campo de Mayo* furent construites par la Siemens Bauunion, de même que le bâtiment des télécommunications de l'Etat. Le passage Siemens, dont une sortie se trouve sur l'*Avenida de Mayo*, est issu du dessin de Hans Hertlein, tandis que le métro ligne "A" (1913), la Galerie Générale Güemes (1915), la Poste Centrale (1915), el frigorífico Amour La Plata (1916), le Collège National de Buenos Aires (1918), l'école supérieure de commerce Carlos Pellegrini, l'usine Cade Puerto Nuevo (1925) et l'obélisque de Buenos Aires (1936) sont des œuvres de l'entreprise allemande Geope[51], qui avait pour directeur l'Allemand Juan Hartmann.

Villa Ballester est un autre exemple de cette influence. C'est une ville de la province de Buenos Aires, en Argentine. Elle fait partie de l'agglomération du Grand Buenos Aires. Villa Ballester regroupe une des plus grandes colonies allemandes en Argentine. Beaucoup d'entre eux arrivèrent au cours du XXe siècle. Comme beaucoup d'immigrants venus d'autres horizons, ils eurent beaucoup d'influence sur les différentes institutions d'intérêt public.
Du point de vue religieux on peut donner l'exemple du « Hogar de María » (1933), de « la Iglesia Evangélica luterana » (1947) et de « la Iglesia de Schoenstatt » (1980).

---

[51] Entreprise de construction allemande G.E.O.P.E.: Siemens Bauunion -Grün & Bilfinger.
http://es.wikipedia.org/wiki/Obelisco_de_Buenos_Aires

Ils donnèrent beaucoup d'importance à l'éducation : El "Instituto Ballester" (1922) y el "Instituto Holsters" (1930). Ils mirent en valeur le sport et la culture, d'où la création de la "Sociedad coral Alemana" (1923) et de la "Sociedad Alemana de Gimnasia" (1924).

La vie sociale ne fut pas laissée de côté. Il fut créé des associations régionales comme le "Club Social y Deportivo Suabia del Este". La construction de bars allemands ne tarda pas, lieux d'échanges et de rencontres, à la cuisine typique accompagnée de bière traditionnelle. On peut donner l'exemple du "Deutsche Haus", au style germanique irréfutable, où l'on pouvait savourer bières et plats traditionnels.

Ainsi, peut-on constater, sans énumérations exhaustives, l'impact allemand sur l'architecture argentine.

CHAPITRE II

LES PREUVES D'UNE RÉELLE INSERTION

En 1973, est signée la coopération dans le domaine de la politique culturelle entre l'Argentine et l'Allemagne, soutenue par l'accord bilatéral sur la culture. La quatrième et plus récente réunion « Commission mixte de la culture » entre l'Argentine et l'Allemagne a eu lieu à Bonn en avril 1997. Les immigrants allemands et leurs descendants ont apporté des contributions non négligeables en Argentine. Il a été l'un des premiers pays où l'industrie et le commerce allemands ont ouvert leurs succursales. Ils constituent encore un des piliers traditionnels de l'activité économique en Argentine. Les immigrants allemands dans le pays ont créé de nombreuses institutions - des communautés ecclésiastiques et des associations scolaires, des maisons de soins infirmiers, des clubs de sport et des organisations populaires. Beaucoup d'entre eux existent aujourd'hui et sont des témoins de l'intégration des immigrants allemands et de leurs descendants au sein de la société argentine. En retour, ils sont également confrontés au défi du maintien de leurs racines allemandes : selon les estimations 600 000 Argentins ont des ancêtres allemands, et environ 50 000 Argentins ont la nationalité allemande.

Pour preuve aujourd'hui d'une réelle volonté d'insertion, le département de la culture au sein de l'ambassade allemande à Buenos Aires s'applique à défendre ces domaines :

- Les collèges allemands en Argentine ;
- L'enseignement de la langue allemande en Argentine ;
- Coopération entre les universités allemandes et argentines ;
- Programmes de bourses ;
- Etudier en Allemagne ;
- Sociétés culturelles argentino-allemandes ;
- Coopération entre personnalités de la culture et les institutions culturelles ;
- Présentation et exposition d'artistes allemands en Argentine ;
- Associations allemandes ;
- Sport et jeunesse ;
- Communautés religieuses.

Nous nous pencherons tout d'abord sur le rôle des fondations et associations.

La communauté argentino-allemande est composée d'une quantité importante de cultures : véritable puzzle qui forme un ensemble harmonieux. La diversité, caractéristique principale dans le développement des activités culturelles et sociales en Allemagne, se reflète dans l'éventail d'activités qui se réalisent en Argentine, initiées il y a plus de 100 ans.

2.1. Fondations et associations

Etablir des liens, ne pas rester isolé, réaliser des activités en commun motivèrent les immigrés germanophones à former des associations diverses, de même que des fédérations qui les unissent, toutes orientées à préserver l'identité allemande en Argentine. Cette conduite, qui pourrait se définir comme une action grégaire, et qui est dans certains cas synonyme d'autocratie, reflète également du désir de nouer des liens avec leurs compatriotes pour développer des activités d'intérêt commun.

Ceci se traduit par plus de 200 organisations, qui sont des points de rencontre de la communauté argentino-allemande pour réaliser ensemble des activités tant sportives que sociales ou culturelles.

On n'oubliera pas l'importance des divers établissements éducatifs, les organisations humanitaires, l'action sociale et médicale, comme la Société de secours aux malades (DKV), l'hôpital allemand, le foyer pour enfants "María Luisa" et la société allemande de bienfaisance (DWG). Dès les débuts de l'immigration, les congrégations religieuses participèrent massivement au développement socioculturel.

Difficile de dire quelle association est la plus ancienne du pays. Peut-être peut-on citer la Société de Secours aux Malades, fondée en 1857, ou la société de Bienfaisance datant du 19e siècle.

Non seulement, il existe des institutions qui se sont développées avec les années pour conserver la culture de ces immigrants, mais on trouve également de nombreuses institutions allemandes qui font partie de la collectivité. Tel est le cas de l'Institut Goethe, des fondations politiques, de la chambre d'industrie et du commerce argentin allemands, des entreprises allemandes et, bien sûr, de l'ambassade de la république fédérale allemande. Toutes ces organisations, comme leurs collaborateurs, participent activement, en plus de leurs activités, à différentes associations argentino-allemandes.

La F.A.A.G., sigle de la « Fédération des Associations Argentino-Germanas », fut fondée il y a peu et est une entité de 3e cycle.

En 1955, les différentes associations se confrontèrent à la nécessité de gérer la perte de leurs biens, confisqués par l'État argentin durant les derniers mois de la Seconde Guerre mondiale, en 1945.

Autre exemple de regroupement associatif : le Stipendienwerk Lateinamerika-Deutschland (SLD) - connu en Amérique latine comme « l'échange culturel allemand-latino-américain »[52] (ICALA) - qui apparait en 1968 à l'initiative de deux professeurs allemands Bernhard Welte et Peter Hünermann, et du professeur argentin Hector Delfor Mandrioni.

Son objectif général est d'appuyer l'échange culturel et la promotion de jeunes scientifiques prêts à réfléchir sur la foi chrétienne dans le cadre des conditions économiques et culturelles actuelles tant en Argentine qu'en Allemagne ou en Amérique latine[53].

2.2. L'éducation

Aujourd'hui, l'impact culturel se ressent essentiellement au sein des collèges allemands, qui sont au nombre de 21 et qui reçoivent un financement de l'Etat argentin cumulé à des dons allemands.

« En Argentine, nous avons créé cinq collèges supplémentaires, ce qui a permis de développer de manière considérable le nombre de personnes parlant l'allemand à un

[52] "Intercambio Cultural Alemán-Latioamericano".

[53] http://www.icala.org.ar/

très bon niveau. Sans ces nouveaux collèges, nous aurions tout de même eu 16 000 élèves étudiant l'allemand dans les collèges allemands et 2 000 dans les Instituts Goethe. »[54]

L'institut Goethe à Buenos Aires a une succursale à Córdoba et deux sociétés culturelles qui sont appuyées par l'Institut. Ce dernier ainsi que les sociétés qu'il soutient sont très impliqués dans l'enseignement de l'allemand mais aussi dans les échanges interculturels, dans les domaines de la musique, de la littérature ou du cinéma.

Parmi les collèges allemands bilingues qui existent en Argentine, la plupart (18) reçoivent une subvention de l'Agence Centrale pour l'éducation à l'étranger basée à Cologne (*für das Zentralstelle Auslandsschulwesen*-ZfA) et sont également pris en charge grâce à la répartition des professeurs d'allemand. Suite à l'accord argentino-allemand de 1993, les collèges sont bien placés dans le système scolaire privé, motivés par la sauvegarde de leur identité.

À Buenos Aires, le collège de l'Institut Goethe délivre un diplôme allemand valable pour une carrière dans l'enseignement supérieur (*Hochschulreife*). Dans le domaine de la formation et le perfectionnement des professeurs de langue allemande en Argentine, il existe également une coopération étroite entre l'Institut Goethe et le Service d'échanges universitaires (DAAD) allemand. Une bonne formation des professeurs de langue allemande dans le pays constitue une bonne base pour l'enseignement de l'allemand dans les écoles argentines, à la fois privées et publiques.

Trente-cinq accords de coopération existent entre les universités en Argentine et en Allemagne, ce qui représente une bonne base pour renforcer les relations universitaires.

---

[54] Troisième cycle de rencontre devant la fondation Adenauer- 2009 - Sr. Embajador (ambassadeur allemand) Dr. Günter Kniess.

La dernière coopération est établie entre l'Université de Passau (en Bavière) et celle du Salvador à Buenos Aires.

Quatre-cent étudiants argentins sont actuellement inscrits dans des universités allemandes, et environ 50 d'entre eux ont une bourse allemande.

2.3. Culture allemande et culture argentine

2.3.1. Interactions culturelles

De nombreux événements, donnent la possibilité à l'Argentine de projeter son image en Allemagne et vis-versa. En voici quelques exemples :

- La coproduction cinématographique argentino-allemande est révélatrice des liens étroits entre les deux communautés. Il y a deux ans, a été retrouvée à Buenos Aires, la version intégrale et originelle du film *Metropolis* de Fritz Lang, perdue depuis 81 ans. A l'origine de cette découverte, la conservatrice du musée du Cinéma de Buenos Aires, Paula Felix-Didier et le directeur cinématographique du Musée d'art d'Amérique Latine, Fernando Pena. L'enquête aura duré 20 ans. Ce long métrage muet présenté par Fritz Lang le 10 janvier 1927 à Berlin est un des films les plus chers de l'histoire du cinéma. A Buenos Aires, Adolfo Wilson, directeur de la maison de distribution Terra Film, au capital allemand, importe une copie de la version originelle. Projetée pour la première fois en 1928 à Buenos Aires, elle connaît un immense succès. Alors que les Argentins sont les seuls à pouvoir visionner une copie intégrale de ce film, le collectionneur et restaurateur Enno Patalas, du Film Museum de Berlin, cherche en vain pendant 30 ans les éléments du film de Fritz Lang détruits pendant la guerre.

De son côté, à Buenos Aires, Fernando Pena n'arrive pas à avoir accès aux archives où se trouverait la version intégrale. Après 20 ans de recherche des deux cotés, Paula Felix-Didier, convaincue que la copie argentine appartient au patrimoine culturel allemand, la remet à la Fondation Murnau, qui détient les droits d'auteur de *Metropolis.* L'échange ne s'arrête pas là, puisque la Fondation allemande a cédé à Buenos Aires une copie en 35 millimètres avec les droits de projection de ce film en Argentine. Le 12 février 2010, la version originelle fut projetée à Berlin devant la porte de Brandebourg ;

- La nuit blanche des musées est aussi une importation de ce qui se faisait à Berlin et que l'on retrouve aujourd'hui à Buenos Aires ;
- L'orchestre symphonique de Berlin est venu jouer devant l'obélisque de Buenos Aires, et rassembla plus de 30 000 personnes ;
- Lors de la « feria du livre » à Frankfurt qui s'est tenue en 2010, l'Argentine était l'invitée d'honneur ;
- Il existe un seul journal de langue allemande en Argentine : *Argentinisches Tageblatt.* Il fut fondé par l'immigrant suisse Johann Alemann en 1889. Quatre générations l'ont dirigé. Il reçut la reconnaissance mondiale pour la lutte contre le national-socialisme. A partir de 1981, il sera publié tous les samedis.

Lors de la célébration du 250e anniversaire de la naissance de Johann Wolfgang von Goethe en 1999 et de mort de Johann Sebastian Bach en 2000, les médias argentins n'ont pas manqué de relayer des échos particuliers, démonstration claire de l'intérêt argentin pour la culture allemande. En particulier, l'Institut Goethe, l'ambassade et les écoles allemandes se sont appliqués à fêter l'anniversaire de Goethe. A cet égard, l'ambassade a alloué des ressources budgétaires prévues pour la promotion des expositions et des concerts.

En 1999, lors de la Journée de l'Allemagne, qui est organisée chaque année, a été présentée la lecture d'un jeune écrivain de l'ex-Allemagne de l'Est, Ingo Schulze.

Une semaine de la culture allemande est organisée traditionnellement à Salta, dans le nord de l'Argentine au mois d'avril. Conférences thématiques « pourquoi les touristes allemands aiment Salta », films, séminaires, concerts, séminaire pour l'exportation commerciale Argentine/Allemagne, cours de langue, ateliers…
De même, la culture allemande est mise à l'honneur : expositions du graphiste Alfred Kubin ; projections cinématographiques, exposition d'œuvres littéraires allemandes.
Inversement, ces dernières années en Allemagne, notamment à Berlin, se développa un grand intérêt non seulement pour le tango argentin, mais aussi pour le théâtre argentin moderne. En 1999, quatre pièces de théâtre de Buenos Aires furent invitées pour participer au festival « Theater der Welt » à Berlin.

2.3.2. Les relations scientifiques

Les relations scientifiques et technologiques occupent une place importante entre les deux pays. Ce lien significatif de la bonne intégration des Allemands en Argentine remonte aux années 1860 lors de la présidence de Sarmiento[55]. Il

[55] Domingo Faustino Sarmiento (né à San Juan en Argentine, le 15 février 1811 - décédé à Asunción au Paraguay, le 11 septembre 1888), homme politique et écrivain argentin, président de la République argentine du 12 octobre 1868 au 12 octobre 1874. En charge du pays lors de la guerre de la Triple Alliance contre le Paraguay, il créa en 1869 le Collège militaire de la nation, conduisant à la professionnalisation de l'armée argentine.

commença à inviter et à appeler des chercheurs scientifiques allemands ; Burmeister[56] fut l'un d'entre eux.
Ce dernier fonda l'académie des sciences naturelles à Buenos Aires et fut un disciple du grand Alejandro von Humboldt[57].
Il ne vint pas seul en Argentine et amena avec lui de nombreux scientifiques. Ainsi, en 1913, l'Université argentine de la Plata était l'unique centre de physique théorique reconnu mondialement.

[56] Carl (ou Karl) Hermann Conrad Burmeister est un zoologiste argentin d'origine prussienne, né le 15 janvier 1807 à Stralsund sur la côte de la mer Baltique et mort le 2 mai 1892 à Buenos Aires.

[57] Alexandre de Humboldt, est un naturaliste, géographe et explorateur allemand, né le 14 septembre 1769 à Berlin d'une mère d'origine française, et mort le 6 mai 1859 dans la même ville. Il était membre associé de l'Académie des sciences française et président de la Société de géographie de Paris. Par la qualité des relevés effectués lors de ses expéditions, il a fondé les bases des explorations scientifiques. (Wikipedia).

CHAPITRE III

LES EXPORTATIONS CULTURELLES ET BILAN DU PASSÉ

Nous l'avons vu, les preuves de l'insertion allemande dans la société argentine sont notoires. Fondations, associations, collèges et universités, préservation de la langue dans l'éducation, volonté politique, littérature, théâtre, cinéma… L'influence culturelle allemande se retrouve dans tous les secteurs culturels.

Le lien qui unit ces deux pays va au-delà. De véritables échanges et exportations prennent part aux activités. Les Allemands aujourd'hui intégrés et assimilés dans les structures de l'État argentin, sont partie prenante des exportations de savoir-faire.
De même, la lutte contre l'impunité, menée en faveur des disparus pendant la guerre, mobilise parfois les immigrés allemands et leur descendance dans un élan de réconciliation avec leur passé.

3.1. Les exportations de savoir-faire scientifique

Après la Seconde Guerre mondiale, les échanges scientifiques commencèrent, de même que la coopération grâce aux bourses du Service Allemand d'échange Académique (DAAD)[58].

[58] "Servicio Alemán de Intercambio Académico".

Des centaines d'Argentins, recteurs, docteurs…, furent envoyés en Allemagne à cette époque avant de revenir en Argentine.
Aujourd'hui, le Service Allemand d'Echange Académique accorde chaque année 500 bourses, la majorité d'entre elles pour des scolarités en Allemagne mais aussi pour des étudiants et des jeunes académiciens allemands qui souhaitent venir en Argentine.
C'est ainsi qu'aujourd'hui plus de 70 excellents chercheurs argentins travaillent dans les différents instituts de la Société Max Planck en Allemagne. Cet institut est le plus connu en Allemagne dans le domaine de la recherche scientifique.
Bon nombre de chercheurs argentins parlent de la qualité des centres de formation académique allemands. Ces chercheurs alors reviennent au pays et les programmes sont élaborés de telle façon que les échanges ne se font pas en sens unique : il existe ainsi plus de 70 coopérations entre les universités.
De nombreux projets pilotes en médecine voient le jour entre l'université de Freiburg et celle de Buenos Aires. Un projet d'architecture est également entrepris entre l'université d'Humboldt à Berlin et la U.B.A à Buenos Aires.
La Sociedad Max Planck a décidé d'ouvrir une succursale, un institut partenaire en Argentine, troisième du genre, après la Chine. « Nous sommes actuellement en train de mener à bien le projet suivant : insuffler de l'argent auprès des entreprises allemandes pour approfondir davantage les relations scientifiques. Il s'agit de créer une université virtuelle. Ce modèle existe déjà : l'université franco-allemande qui combine la coopération entre universités françaises et allemandes dans plus de 140 filières supérieures. Cette initiative est appuyée par la Fondation scientifique qui regroupe les entreprises allemandes et les chercheurs. »[59]

[59] Ambassadeur allemand Dr. Günter Kniess- cycle de conférences devant la fondation Adenauer – Buenos Aires, 2009.

Au niveau international, et dans le domaine du changement climatique, l'Argentine fait partie de l'Agence Internationale des énergies propres (75 membres).

Autre exemple d'effort consenti pour un meilleur échange : la réunion organisée par l'ambassade d'Argentine en Allemagne et le programme *Raices* de la Direction Nationale de relations internationales, le 6 novembre 2009.
L'objectif de cette réunion était de convier des scientifiques argentins résidant en Allemagne à promouvoir la coopération scientifique et la technologie entre la communauté scientifique argentine et celle résidant en Allemagne. Il s'agissait aussi de créer un réseau de scientifiques argentins présents en Allemagne pour asseoir une communication réelle entre les centres de recherche et les universités argentins.

3.2. Les échanges universitaires

De même que les échanges scientifiques, les échanges universitaires sont aussi très actifs.

Sans sortir de Buenos Aires, les jeunes peuvent dorénavant suivre une filière universitaire étrangère grâce aux systèmes d'équivalence. Tel est le cas de l'université Albert-Ludwig de Fribourg et la fondation Arger, présidée par le docteur Kozine, où les professeurs sont allemands et argentins, et qui octroient des diplômes validés par l'Union Européenne et par l'Argentine.

« Nous voulons transférer un programme très réussi de notre université à Buenos Aires. Il s'agit de notre cours de médecine moléculaire, orienté vers la recherche » affirme le docteur Roland Mertelsmann, directeur de la faculté de médecine de Fribourg.[60]

Une fois en fonctionnement, le système permettra aux étudiants allemands de venir à Buenos Aires suivre un trimestre et vice versa.

Mais organiser un groupe de professeurs internationaux n'est pas sans difficultés et complications logistiques. Par exemple, en Allemagne, quatre matières sont étudiées par jour. A Buenos Aires, les cours donnés par les professeurs allemands sont transmis de façon groupée.

La Fondation ICALA, dont nous avons déjà parlé, collabore avec le *Stipendienwerk Lateinamerika-Deutschland* et avec le *Katholischer Akademischer Ausländerdienst (KAAD)*, institutions allemandes qui dispensent la formation académique de jeunes scientifiques à travers l'attribution de bourses de recherche, et l'organisation de séminaires internationaux et de publications scientifiques.

La fondation coopère également avec les délégations latino-américaines de ces institutions, en Bolivie, Brésil, Chili, Equateur, Mexique, Paraguay, Pérou et Uruguay, et maintient un contrat actif avec divers instituts de recherche nationaux et étrangers ainsi qu'avec les anciens boursiers fondateurs d'institutions allemandes. On peut donner l'exemple de la DAAD (service d'échange académique allemand) ou encore la Fondation Alexander Von Humboldt. Les objectifs de la Fondation ICALA, sont entre autres, de favoriser la réflexion sur la réalité historique et la culture latino-américaine, de maintenir le dialogue critique sur les valeurs de la société contemporaine, de promouvoir la recherche et la formation de jeunes scientifiques, d'organiser des cours, des séminaires,

---

[60] Nora Bar, *la nacion*, Juillet 2006.

des colloques, des conférences, ou des congrès, de maintenir les contacts permanents avec les universités, les centres d'étude et de recherche, les fondations et leurs spécialistes, les institutions internationales, de publier les travaux dédiés à la science et à la culture, de collaborer avec les institutions privées et/ou officielles qui réalisent des activités similaires aux fondations (de type économique, social, politique et culturel), de favoriser et appuyer la réintégration des anciens boursiers argentins qui ont réalisé leurs études en Allemagne.

Ainsi, nous l'avons vu, les échanges entre les deux pays sont enracinés dans l'histoire et alimentés de nos jours encore de façon active, ils témoignent de l'influence allemande en Argentine. Or cette communauté, intégrée et active, a connu, au même titre que les autres descendants d'immigrés, les injustices, les enlèvements ou les assassinats générés par l'État argentin dictateur entre 1976 et 1983. Aujourd'hui, sans préoccupation d'origine ou de descendance, une véritable lutte contre l'impunité est en marche.

3.3. La lutte contre l'impunité

Pendant la dictature militaire en Argentine, les opposants au régime étaient séquestrés et assassinés par milliers. La famille Oesterheld, originaire de Bremen[61], fut fortement touchée par cette répression : sur une période de deux ans, huit personnes au total, appartenant à la famille d'Elsa De Oesterheld furent assassinées. Parmi elles, son époux, et leurs quatre filles.

[61] Brême ou Bremen en allemand est une ville portuaire du Nord-ouest de l'Allemagne.

Grâce au travail commun d'organisations des droits humains en Argentine et en Allemagne, fut émise pour la première fois en 1998, une demande pénale des tribunaux fédéraux contre les responsables militaires argentins.

Le co-fondateur de la « coalition contre l'impunité », le pasteur K. Hauck, est intervenu du côté allemand pour y parvenir.

Grâce au travail conjoint et efficace des ONG et des autorités judiciaires, ils arrivèrent au bout des procès pénaux. Par exemple, grâce à la Coalition contre l'impunité et à la Fédération Latino-Américaine de familles de disparus, furent émis ces deux dernières années six ordres de détention internationaux, contre le responsable militaire, Jorge Rafael Videla[62].

De plus, l'Allemagne sollicita en janvier 2004, l'extradition des militaires responsables de ces disparitions, et parmi eux, l'ex président Videla. Le gouvernement argentin a annoncé l'abolition de l'impunité, grâce, entre autres, à l'important travail mené par Mme Elsa de Oesterheld et le pasteur Kuno Hauck. Son investissement contre l'impunité et pour la défense de la justice est une des contributions exemplaires pour la défense de la démocratie.

Le réseau des droits de l'homme appelé « Coalition contre l'impunité » fut créé il y a 7 ans. Cette coalition défend depuis ses débuts l'objectif suivant : « Vérité et justice pour les Allemands ou descendants d'Allemands disparus et assassinés » il y a 30 ans en Argentine.

---

[62] Jorge Rafael Videla : général et homme politique argentin, il dirigea l'Argentine après le coup d'Etat militaire de 1976. Il céda sa place en 1981 au général Viola. Condamné à la prison à perpétuité en 1985. Amnistié en 89, son dossier est réétudié en 2007 pour les actes commis lors de sa dictature.

Cette association revendique ses droits d'action et s'étonne que rien n'ait été mené avant elle, qu'aucune justice n'ait été rendue, qu'aucune enquête n'ait été lancée jusqu'ici.

« Qu'a donc fait le ministère fédéral de relations extérieures d'Allemagne et le gouvernement allemand, pour que soient expliqués ces disparitions forcées et l'assassinat des Allemands et de leurs descendants en Argentine ? [63]

« Il est très difficile d'exprimer avec des mots l'émotion que je ressens que d'avoir été désignée pour représenter le groupe des familles allemandes et de ses descendants disparus en Argentine pendant la dictature qui toucha notre pays de 1976 à 1983. C'est avec une grande émotion que je reçois en leur nom le prix de la solidarité qui attribue à la ville de Bremen la reconnaissance et le soutien qu'elle mérite dans la lutte permanente pour la justice. »[64]

Aujourd'hui, le retard semble rattrapé et justice se fait. Le parquet de Nuremberg s'investit pour la recherche de militaires argentins accusés d'avoir fait disparaitre des citoyens allemands en Argentine.

La Coalition contre l'impunité en Argentine voit d'un très bon œil la décision du tribunal fédéral de la justice allemande, qui a autorisé le tribunal territorial des villes de Nuremberg-Fuerth à commencer les recherches des quatre cas de dénonciations contre les militaires argentins pour des crimes commis contre les habitants allemands en Argentine entre 1976 et 1983. Depuis les jugements contre les criminels de guerre nazis émis il y a plus de 50 ans, le tribunal de

[63] Discours de remerciement de Kuno HAUCK, représentant de la coalition contre l'impunité –Bremen, 21/02/2005.
[64] Discours d'Elsa de Oesterheld, à la commission des mères et familles de disparus allemands et de descendants d'allemands- Bremen, 21/02/2005.

Nuremberg garde son symbole dans la sanction des crimes politiques qui furent commis pendant la dictature nazie.

Ce processus mis en place contre les militaires argentins en Allemagne est unique. Il est coordonné par la Coalition contre l'impunité en Argentine, organisme au réseau répandu à Nuremberg, qui réunit plus de 15 organisations non gouvernementales de droits humains.

Bien que le Tribunal Fédéral de Karlsruhe[65] ait pu se charger de ces recherches, les dénonciateurs et la Coalition contre l'impunité en Argentine accueille de façon positive le choix de Nuremberg. Le fait que le parquet du tribunal de Nuremberg- Fuerth se penche sur les quatre cas de violations des droits humains commis en Argentine, a une forte répercussion internationale.

L'Allemagne représente après l'Espagne, l'Italie, la France et la Suisse, le 5e pays de l'Union Européenne dans lequel se tient des jugements pour la disparition forcée de citoyens européens en Argentine. Ainsi, les conséquences des violations de droits humains traversent les frontières et dans ce cas ont une dimension européenne.

Ces recherches font écho à la création par les Nations Unis du Tribunal Pénal International et confirment la nécessité d'un pouvoir international qui sanctionne les violations de droits humains et les crimes contre l'humanité.

Depuis plus de 20 ans, les organisations argentines de droits humains luttent pour la vérité sur les crimes commis pendant la dictature et pour la sanction des coupables. Les lois pour l'amnistie votées sous la pression des militaires générèrent beaucoup de protestations tant en Argentine qu'au sein de la communauté internationale.

---

[65] Karlsruhe est une ville d'Allemagne du sud. Siège de la cour constitutionnelle allemande.

En 2010, s'est mis en place en Argentine, un groupe d'appui aux activités de la « coalition contre l'impunité » auquel participe le « service pour la paix et la justice », fondé par le prix Nobel de la paix Adolfo Perez Esquivel, par des représentants de la « Commission des mères et familles d'Allemands disparus en Argentine » et par d'autres organisations de droits humains.

Les quatre dénonciations et les accusations pénales pour les délits d'enlèvement, de torture, d'assassinat et de disparition forcée furent préparées par la « coalition contre l'impunité » et par les avocats Wolfgang Wiesheier (Fuerth) et Klaus Richter (Nuremberg) en collaboration avec l'avocate péruvienne et spécialiste en droit pénal international, Katya Salazar.

Les dénonciations furent lancées par les juristes de la coalition le 7 mai 1998 au ministère fédéral de justice à Bonn, en présence du prix Nobel de la paix Adolfo Perez Esquivel, et de Mme Idalina Tatter de la « Commission des mères et familles d'Allemands disparus en Argentine ».

Ainsi, comme nous l'avons vu au cours de cette partie, les influences culturelles allemandes, quelles soient d'ordre gastronomiques, architecturales, scientifiques, technologiques, universitaires… sont nombreuses et diversifiées. A chaque flot migratoire, les Allemands sont arrivés en Argentine avec un bagage culturel qui s'est imposé plus ou moins naturellement à la culture locale argentine.

A cette influence culturelle, s'est ajoutée une influence économique non négligeable. En effet, dès 1850, les Allemands qui ont débarqué sur le sol argentin, ont monté leurs entreprises, ont élaboré, au cours des années, des importations et des exportations avec leur pays d'origine.

DEUXIÈME PARTIE
LES INFLUENCES ÉCONOMIQUES

CHAPITRE I

LES RELATIONS ENTRE LES DEUX PAYS PENDANT LA SECONDE GUERRE MONDIALE

L'Allemagne entretient depuis la fin du XIXe siècle une tradition d'investissement en Argentine. Bien que ces derniers ne furent pas aussi importants que ceux des Britanniques, ni même tournés particulièrement vers les secteurs principaux de l'agronomie, ils contribuèrent à faciliter considérablement le développement de la capacité productive interne en Argentine.

Dès 1850, le commerce développé par les Allemands d'origine prenait déjà une place conséquente. Cette influence croissante eut des répercussions sur l'économie argentine, et sur son développement. L'avènement de la Seconde Guerre mondiale ne freina pas cet élan d'investissements allemands, bien au contraire. Aujourd'hui, alors que l'Argentine retrouve un relatif calme économique, les rapprochements entre les deux pays s'intensifient.

1.1. Les investissements allemands en Argentine avant la Seconde Guerre mondiale

Avant le début de la Seconde Guerre mondiale, les entreprises allemandes florissaient déjà en Argentine. Dès 1851, selon les archives de l'Etat, sur les 103 entreprises qui s'étaient importées à Buenos Aires, 23 étaient allemandes.

En 1853, Philipp Schwarz, originaire de Berlin, s'installa dans la région de Magdalena, dans la province de Buenos Aires, pour y développer son atelier de métallurgie. Au fil des ans, il devint un grand producteur de métallurgie dénommée

« Casa Amarilla ». Il fut le premier à créer des batteuses et des caisses de sécurité.
En 1857, la première ligne de chemin de fer argentine « la Portena » entra en service, ainsi que le premier système télégraphique du pays. Leur marque était allemande : Siemens.

En 1871, l'ingénieur allemand Francisco Host, trouva dans la province de Salta, dans le nord du pays, le premier gisement de pétrole en Argentine. Après l'avoir traité, il en retira du kérosène, qui illumina ainsi le salon de la législature provincial de Salta.
En 1887, s'ouvra la première succursale d'une banque allemande à Buenos Aires : la future banque « Deutsche Überseeische Bank » (Banco alemán Transatlántico).
En 1893, la famille allemande d'Emilio Bieckert et de Bemberg, fonda les premières fabriques de bière dans le pays : Bieckert et Quilmes.

En 1923, les entreprises allemandes collaborèrent à la construction du premier gratte-ciel de Buenos Aires (Pasaje Barolo) ; elles seront les premières à utiliser le béton et d'autres matériaux modernes.
En 1933, Carlos I. Gesell, acheta sur la côte atlantique 1.600 hectares de dunes désertiques qu'il réussit à fixer par des plantations ; en quelques années, ce site devint l'un des plus fréquentés pour le tourisme balnéaire[66].

[66] Source : site internet du « colegio aleman de Temperley ».

Position de quelques entreprises allemandes en Argentine en 1930[67] :

ENTREPRISE	CAPITAL (millier de dollars)	DATE D'INSCRIPTION	DIRECTEUR
Cía. International de Téléphones	3.190 $	7/4/1926	Pte.: E. Hermann Sec.: R. Schmidt Dir.: F. Wolfram
Banco Alemán Transatlántico	3.500 $	15/9/1893	/
AEG	2 000 $	11/8/1925	Pte.: J. de Anchorena Dir.: Otto Schachert
Junghans Hnos.	400 $	10/5/1922	Pte.: E. Niehbur Dir.: P. Mosbacher
La Reaseguradora Argentina	660 $	3/9/1923	Pte.: C. Meyer Pellegrini Subg.: G. Schröder Sco.: F. Ellerhorst
L. D. Meyer & Cía. Ltda. SACI	600 $	29/9/1923	Pte.: Ch. Lahusen Dir.: L. D. Meyer Sco.: A. Hoeffner
Emp. Constructora F. H. Schmidt SA	800 $	31/5/1927	Pte.: P. Olive Dir.: P. Döpcking L. Freude Subgte.: W. Mandry

[67] Source: élaboration du Boletín Oficial de la Nación.

Dans les années 30, les entreprises allemandes réunissaient près de 2 000 capitaux pour 540 millions de dollars[68], soient près de 200 entreprises contrôlées directement ou non par des investisseurs allemands. Parmi elles : Staudt o Lahusen, et bien d'autres entreprises commerciales dont les propriétaires étaient d'origine allemande. On remarque alors que ces chiffres diffèrent que l'on se place en Argentine ou en Allemagne.

En 1934, l'entreprise Ig Farben, estimait que 325 millions de dollars étaient déclarés aux autorités argentines. Le chercheur nord-américain Vernon Phelps, un des principaux analystes des investissements étrangers en Argentine, calculait que le stock de capitaux allemands atteignait en 1934, 650 millions de pesos[69].
Peu avant la guerre, l'ambassadeur Von Thermann, estimait les fortunes privées des directeurs d'entreprises allemandes associées à la Chambre allemande de Commerce en Argentine, entre 120 et 140 millions de pesos (24 et 28 millions d'euros). Cependant, ce chiffre incluait aussi des entreprises aux investissements argentins.
La propriété mobilière, le bâtiment et les entreprises agricoles étaient les secteurs de prédilection de l'investissement allemand. Les banques allemandes prêtaient de l'argent au gouvernement national argentin, à la province de Buenos Aires, aux conseils municipaux de la capitale fédérale, etc. jusqu'à atteindre 3 millions de pesos (606 000 euros). Les banques allemandes étaient aussi derrière la banque hispano-américaine de Madrid, qui avait établi des prêts publics aux entités argentines. De leur côté, la banque allemande Transatlantique et la banque germanique de l'Amérique du Sud contrôlaient 155 millions de pesos de capital (31 millions

---

[68] 28/2/06- Mario Rapoport, Andrés Musacchio y Christel Converse.
[69] 650 millions de pesos argentins : 131 millions d'euros.

d'euros). Les meilleures entreprises allemandes de construction s'autofinançaient, et se transformaient en acquéreurs publics.
Comme exemple d'investissement allemand en Argentine, dans les années 30, on peut également citer Osram, importante entreprise de lampes électriques, et la compagnie de construction du Rio de la Plata (Siemens-Bauunion).

La dépression économique, les mesures de contrôle des échanges entre les deux gouvernements et la politique du Reich de plus en plus autarcique empêchèrent, à cette période, un plus grand développement des investissements allemands en Argentine. La présence allemande était néanmoins très importante dans le secteur des installations électriques. La compagnie Argentine d'électricité (CADE), sous couvert des banques allemandes, produisait 61% de l'énergie électrique en 1939.
L'entreprise Siemens-Schuckert S.A. dominait le secteur de la construction électrique et de vente d'équipement.
L'industrie chimique fut un autre secteur important d'investissement de capitaux allemands ; « Anilinas Alemanas » fut la première filiale construite en Argentine, suivit par la suite, par « Quimica Bayer ».

1.2. Les investissements allemands : base de l'expansion nazie ?

Entre 1933 et 1945, les relations entre l'Allemagne nazie et l'Argentine suscitèrent bien des polémiques et une abondante littérature. Les axes d'analyse, jusqu'à présent, se sont focalisés sur les liens commerciaux et diplomatiques, ainsi que sur les possibles transferts « d'or nazi » et l'arrivée des criminels de guerre en Argentine. Or, une des problématiques les moins étudiées fut celle des investissements directs alors que des liens étroits existaient entre les capitaux allemands et l'expansion argentine. Les entreprises allemandes présentes en Argentine servaient d'avant-garde à l'arrivée de la politique « nazie ». Les idées politiques, militaires et économiques « nazies » s'appuyaient sur ces entreprises dirigées depuis Berlin. Il n'échappait à personne que ces entreprises permettaient de faire passer les idées de la politique nazie et de recueillir des informations sur les Allemands présents en Argentine. Elles organisaient et finançaient les mouvements allemands nazis dans le pays. L'Argentine se convertissait en un refuge de représentants et espions nazis, en une plateforme financière et en un centre de planification.

En effet, il existait en Argentine une série de conditions favorables à l'expansion et à la politique nazie :

- positions économiques allemandes relativement solides, représentées par AEG et Siemens ;
- Considérable influence allemande dans le secteur militaire argentin depuis l'époque de Guillaume II (1890) ;
- Groupe bien organisé d'immigrants soumis à une influence nationaliste forgée pendant de longues années ;
- Emploi systématique d'une propagande démagogique sur la politique « anti-impérialiste » allemande.

Grâce au travail de la « Commission pour l'Eclaircissement des Activités du Nazisme en Argentine » (CEANA) entre 1997 et 2002, la question des relations économiques entre les deux pays commença à être examinée en détail ; les résultats furent exposés dans divers articles qui permirent de planter de nouvelles hypothèses.

Les entreprises allemandes présentes en Argentine dynamisèrent la métallurgie, les entreprises de chimie et de matériels électriques. Ces entreprises demandaient une main d'œuvre temporaire, et n'était gourmande ni en machines, ni en personnel permanent.

Les entreprises allemandes étaient d'autant plus solides qu'elles créaient des relations commerciales et financières entre elles : ainsi, les entreprises de production et d'importation de fer et d'acier étaient étroitement liées aux firmes de construction.

Le capitalisme allemand était identifiable à la présence du secteur bancaire dans les filiales argentines. Un représentant bancaire (Banco Alemán Transatlántico y el Banco Germánico de la América del Sur) était présent dans les entreprises telles que : AEG, Siemens-Schuckert, Siemens Halske, Robert Bosch, Osram, Thyssen Lametall, Klockner, Hugo Stinnes, Tubos Mannesmann, Acerio Roechling Buderus, Ferrostall, Anilinas Alemanas, Indunidas, Bayer, Schering, Merck, Perfumerias Toscas, Deutz, Orenstein And Koppel, etc.

Les directeurs de ces grandes entreprises étaient très souvent les mêmes. Ils essayaient d'y intégrer des Argentins, choisis et sélectionnés pour leurs idées politiques et sociales.

Il est très probable que beaucoup de directeurs d'entreprises allemandes aient été des nazis convaincus, mais il y eut aussi beaucoup de cas de « nazis par convenance », cherchant un équilibre entre la collectivité et l'influence nazie. L'ambassadeur allemand, Mr.Von Thermann, cite quelques exemples de personnalités allemandes en Argentine en proie aux difficultés quotidiennes :

- Richar Leute, chef de la Banque Allemande d'Amérique du Sud, remplaça Félix Haase qui fut renvoyé pour des motifs de discrimination raciale. Il était membre du parti ;

- Alfred Hermann, chef de la Banque Allemande Transatlantique, qui n'appartenant pas au Parti, et étant métis dut présenter un certificat de « pureté raciale ».

De réelles tensions existaient avec le parti nazi lorsque les directeurs d'entreprises allemandes se voyaient contraints de retirer leurs ouvriers juifs de leurs usines. La réputation de l'entreprise était alors réduite à néant car la clientèle en majorité juive fuyait à son tour.
Les acteurs en présence, directeurs d'entreprises, fonctionnaires, représentants du parti ayant tous des intérêts différents, on peut dire que les liens entre les entreprises allemandes et le régime nazi n'étaient pas toujours très bien définis.

Au cours de la guerre, la pression nord-américaine se fit plus intense pour que l'Argentine abandonne sa politique de neutralité. Parallèlement, et sous l'influence américaine, les transactions entre les entreprises allemandes implantées en Argentine et l'extérieur durent répondre, à partir de 1942, à de plus strictes contrôles, et ce jusqu'à leur expropriation totale.

1.3. Au lendemain de la Guerre mondiale, l'expropriation des terres

A partir de 1945, de nombreuses entreprises et entités allemandes furent expropriées par l'Etat argentin. Ce processus n'affecta pas seulement les entreprises et les banques mais aussi les organisations de la société civile, les associations, les clubs et les entités éducatives. Cela toucha aussi les propriétaires de marques déposées, et les comptes bancaires : ils faisaient partie de la « *propiedad enemiga* [70]».

Les investissements directs allemands en Argentine furent plus tardifs que les investissements britanniques ou français, mais les secteurs investis occupaient une place essentielle dans l'économie : le secteur électrique, la construction, l'industrie chimique et pharmaceutique, la fabrication de machines, le secteur bancaire et les assurances.

En mai 1945, fut créée la "*Junta de Vigilancia y disposición final de la Propiedad enemiga*".[71]

Le processus d'expropriation se prolongea jusqu'en 1948 et la Junte fut remplacée par la "*Dirección de Vigilancia y Confiscación final de la propiedad enemiga*" puis par la "*Comisión Nacional de Administración de la ley 13.891*". Mais la plupart de ces entreprises passèrent a posteriori entre les mains de la Direction Nationale des Industries de l'Etat (DINIE), et furent ainsi nationalisées.

En 1949, l'Argentine et la République Fédérale Allemande commencèrent les pourparlers pour restaurer des liens commerciaux. Deux ans après, les liens diplomatiques reconstitués, le dialogue reprit pour la restitution des biens expropriés. Le président Perón, était lui-même enclin à fortifier les liens avec la République Fédérale Allemande pour contrebalancer l'influence nord-américaine. En 1953, commença la dévolution partielle de la « propriété ennemie ». On rétablit les droits sur les marques et les enseignes, puis sur les valeurs bancaires ; les bâtiments furent rendus aux associations civiles, aux clubs et aux collèges. Avec la chute du gouvernement Perón, la dévolution s'interrompit pour ne

[70] « Propiedad enemiga » : propriété ennemie.
[71] La junte de vigilance et de déposition finale de la propriété ennemie.

reprendre qu'à la fin de l'année 1956, mais les sommes obtenues ne correspondaient pas à la valeur des entreprises. Ainsi, la compagnie argentine d'électricité S.A et l'entreprise Chimique Shering S.A ne reçurent que 10% de leur valeur originelle. Beaucoup d'entreprises préférèrent transférer leurs filiales au Brésil.[72]

[72] Pablo Buchbinder, "*boletin del instituto de Historia Argentina y americana*" - Buenos Aires – 2006.

CHAPITRE II

APRÈS LA GUERRE, L'ACCROISSEMENT DES INVESTISSEMENTS EN ARGENTINE

Après quatre décennies de développement politique instable, alors que les gouvernements de militaires et de civils se succédaient et amenaient le pays vers la crise, l'Argentine, retrouvant en 1983 la démocratie, était alors divisée politiquement, l'économie en récession et l'inflation très forte.

A partir des années 90, l'Amérique latine est apparue pour l'Allemagne comme étant un centre d'intérêt économique propre à l'investissement, non seulement à cause de la crise en Asie, mais aussi grâce au regain d'intérêt des investisseurs européens. Dans le célèbre journal *Frankfurter Allgemeine* de Francfort, paraissaient alors de nombreux articles vantant les mérites des pays latino-américains les plus importants pour l'économie allemande : l'Argentine, le Brésil et le Mexique. Bernhard Trappehl, un haut responsable de la société internationale d'avocats Becker & McKenzie, de Francfort, développa même une multinationale, de 59 bureaux répartis dans le monde entier, pour conforter les investisseurs allemands à s'implanter en Argentine. « L'Argentine, dit-il, est, avec le Mexique, le pays avec le plus de potentialité d'investissements, [...] mais nous ne savons pas si l'Argentine sera un futur paradis pour les investisseurs allemands. »[73]

Forte de sa participation au Mercosur, l'Argentine apparait aux yeux des Allemands comme un pays pouvant offrir des richesses que le monde asiatique n'offre plus. La démocratie

[73] Propos receuillis par Enrique Muller pour le journal argentin *Clarin*, 1998.

bien en place, les indices d'inflation au plus bas, les capitaux étrangers pouvaient alors affluer sans crainte.
« Nous avons l'assurance que les entreprises allemandes ont un grand intérêt à investir en Argentine, les droits sont les mêmes pour les investisseurs argentins que pour les investisseurs étrangers » affirme le journaliste allemand Gunther Schilling[74].
Grâce à une privatisation massive et à une ouverture conséquente du marché face à la concurrence étrangère, le PIB augmenta de 40% entre 1990 et 1994.

Relations commerciales bilatérales :

	2007	**2008**
Importations (seg. Oficina Fed. Estadística) en millions Euros	1.494	1.706
Exportations (seg. Oficina Fed. Estadística) en milliards d'Euros	1.710	1.847
Allemagne vers Argentine Importations / Exportations	49e /50e	48e /50e
Argentine vers Allemagne Importations / Exportations	4e /9e	4e /9e
Investissements directs allemands (Saldo export. capital) en Millions Euros	- 277	- 264
Classification pour garanties de crédit d'exportations allemandes La méthode de classification des risques pays mesure le risque de crédit de chaque pays, c'est à dire la probabilité qu'il assure le service de sa dette extérieure. (de 0 à 7)	Catégorie 7/7	Catégorie 7/7

[74] Propos receuillis par Enrique Muller pour le journal argentin *Clarin*, 1998.

« L'Argentine a retrouvé une culture démocratique, l'inflation est basse, le peso argentin a valeur du dollar et il existe une stabilité politique » affirme Bernhard Trappehl[75], un des responsables d'une série de guides pour les investisseurs allemands. Selon les experts allemands de l'époque, le secteur des télécommunications, et, dans une plus faible mesure, l'industrie du pétrole et de la pharmaceutique, joueront un rôle majeur à l'avenir et sont donc un secteur privilégié.

Les importations et les exportations argentines avec l'Allemagne se sont peu à peu développées pour devenir significatives. Même si ces dernières ne placent pas l'Allemagne au premier rang, ces mouvements et investissements témoignent d'une influence non négligeable. Voyons en détail le poids des importations et exportations vers l'Allemagne.

Affiche préparée par Ricardo Ortiz - foco.org.ar

[75] Propos receuillis par Enrique Muller pour le journal argentin *Clarin*, 1998.

Exportations et importations argentines[76] – 2008:

	Export. hors de l'Argentine (milliard de dollars)	Variation annuelle	Total en %
Brésil	13,38	28%	19%
Chine	6,40	24%	9%
USA	5,23	26%	7%
Chili	4,73	13%	7%
Pays Bas	2,99	66%	4%
Espagne	2,81	36%	4%
Uruguay	1,78	52%	3%
Italie	1,69	22%	2%
All	**1,51**	**24%**	**2%**
Venezuela	1,42	20%	2%
Mercosur	16,28	31%	23%
EUROPE	13,23	35%	19%
NAFTA	7,37	20%	10%
Total	**70,59**	**27%**	**100%**
	Import. vers l'Argentine (milliard de dollars)	Variation annuelle	Total en %
Brésil	17,69	22%	31%
Chine	7,1	39%	12%
USA	6,89	31%	12%
All	**2,53**	**19%**	**4%**
Paraguay	1,77	68%	3%
Mexique	1,60	19%	3%
France	1,45	37%	3%
Japon	1,38	15%	2%
Italie	1,20	12%	2%
Espagne	1,05	30%	2%
Mercosur	20,29	25%	35%
EUROPE	9,01	21%	16%
NAFTA	8,94	28%	16%
Total	**57,41**	**28%**	**100%**

[76] Sources: Statistisches Bundesamt (Oficina Federal de Estadística Alemania).

2.1. L'importation

Selon les chiffres du bureau des statistiques de l'Allemagne Fédérale, les exportations allemandes vers l'Argentine augmentèrent de 16% entre 2007 et 2009. L'Allemagne se retrouve ainsi au 4e rang des investisseurs commerciaux en Argentine, après le Brésil, la Chine et les Etats-Unis. Comme importateur de biens argentins, l'Allemagne se place au 9e rang. En échange, l'Argentine se trouve au 48e rang des investisseurs en Allemagne.
Les biens allemands importés par l'Argentine sont traditionnellement des produits industriels, des véhicules ou des pièces détachées (2008 :29% ; 2007 :27%), des machines (2007 et 2008 : 22%) et des produits pharmaceutiques et chimiques (2008 :13% et 2007 :14%).

Exportations allemandes vers l'Argentine[77] – 2008:

	Exportations (millions USD) 2007	Exportations (millions USD) 2008	Variation annuelle	% du Total en 2008
Véhicules et pièces détachées	632.287	800.336	27%	29%
Machines et parties	513.245	588.182	15%	22%
Substances et produits pharmaceutiques et chimiques	330.269	343.025	4%	13%
Produits électroniques et électrotechniques	178.907	179.498	0%	7%
Produits en fer, métal et acier	89.587	127.580	42%	5%
Appareils médicaux	114.072	126.045	10%	5%
Matériel plastique et dérivés	94.982	108.213	14%	4%
Equipement complet de fabrication	125.567	97.342	-22%	4%
Papier et carton	30.180	36.467	21%	1%
Peinture et laque	32.936	35.248	7%	1%
Caoutchouc	26.347	30.038	14%	1%
Autres	184.145	250.480	36%	9%
TOTAL	2.352.524	2.722.453	16%	100 %

Les liens industriels :

Le « char argentin moyen » (Tanque Argentino Mediano – TAM) est un exemple concret de réalisation argentino-allemande. En effet, il fut créé en 1973 par l'entreprise allemande Thyssen-Henschel pour l'armée de terre argentine.

L'ambitieux projet de sa fabrication naît en 1973, quand l'Etat-major Général de l'Armée de Terre, se charge de la

[77] Sources: Statistisches Bundesamt (Oficina Federal de Estadística de Alemania).

construction nationale d'un véhicule de combat de type moyen pour remplacer les vieux véhicules blindés de la force terrestre, qui dataient de la Seconde Guerre mondiale (les M4 Sherman et les Sherman Firefly).

Dans les années 60 et 70, certains événements ont laissé croire à une possible guerre avec le Chili. La réalisation d'un char, aux capacités supérieures, paraissait alors indispensable pour faire face à cette situation. Il fut conçu en fonction du relief argentin, du climat, des infrastructures : à l'autonomie importante (1 000 km), il pouvait atteindre la vitesse de 70km/h.

wwwpaginadesarrollonacionalargent.blogspot.com

Certes dans les années 40, les ingénieurs argentins avaient construit un char national (le Nahuel DL-43), mais il ne possédait pas les éléments modernes attendus, aussi le projet fut mis entre les mains des entreprises allemandes et françaises.

Les Allemands présentèrent aux Argentins leur fameux Leopard 1[78], et la France leur AMX-30. Puis, en 1977, l'entreprise allemande Thyssen Henschel leur présenta deux prototypes basés sur l'IFV Schützenpanzer Marder[79], l'un pouvant être adapté comme char de combat moyen et l'autre comme véhicule de combat d'infanterie. L'entreprise allemande emporta le contrat. Les technologies nécessaires furent transférées en Argentine pour sa construction. Il fut ensuite testé dans la Cordillère des Andes, la forêt amazonienne, la pampa patagonienne… Le gouvernement argentin créa par la suite une entreprise dont l'objectif était la mise sur pied du projet.

Ce char ne participa cependant à aucune guerre ni aucun conflit, bien qu'il fût localement concentré sur la façade ouest, lors de la Guerre des Malouines. Malgré son modèle économique et rentable, ce char ne fut jamais exporté à cause des pressions internationales et de la situation économique instable de la nation argentine.

Mais ces coopérations ne se limitent pas au domaine militaire : la nouvelle voiture Suran, produit argentino-allemand est « une voiture pensée pour les Argentins mais qui possède un cœur allemand » affirme Martin Sorrondegui, gérant de la promotion de la marque en Argentine, dans son article publié en 2006 dans *Hoy Economia* (la Plata). Bien que réalisée sous le logo de Volkswagen, présente en Argentine depuis 1980, cette fabrication implique « 300 millions de pesos (61 millions d'euros) d'investissements, 650 nouveaux opérateurs, 450 000 heures de travail, 80 voitures par jour ». La Suran est une voiture conçue avec un pourcentage élevé de composants de fabrication locale : plus de 50% des composants de la voiture sont fabriqués par les

---

[78] Le Char Leopard 1 est un char de combat allemand de 1963.
[79] Char de combat d'infanterie à partir des années 70.

professionnels argentins, et leur objectif est d'atteindre à terme les 70%.

2.2. L'exportation

Les exportations argentines vers l'Allemagne se composent essentiellement de produits du secteur primaire et agricole, avec une forte proportion de viandes et de dérivés (19%), de minéraux de cuivre (13%), mais aussi de produits manufacturés comme les véhicules (14%). Au sein de l'Europe, l'Allemagne est le principal importateur de viande argentine ; il est à noter que plus de 30% du miel importé en Allemagne provient d'Argentine.

Importations allemandes venant d'Argentine – 2008:

	Importations en millions USD- 2007	Importations en millions USD- 2008	Variation annuelle	% du Total en 2008
Viande et dérivés	412.167	486.192	18%	19%
Véhicules et pièces détachées	200.327	350.666	75%	14%
Minéraux de cuivre	386.521	322.008	- 17%	13%
Tourteaux d'oléagineux	244.023	292.511	20%	12%
Fruits frais et secs et préparations	165.819	190.237	15%	8%
Oléagineux	76.959	100.328	30%	4%
Autres produits d'origine animale	82.833	79.027	-5%	3%
Substances et produits pharmaceutiques et chimiques	59.068	66.751	13%	3%
Laine travaillée et non travaillée	76.381	64.828	-15%	3%
Minéraux de plomb et autres	16.960	38.915	129%	2%
Tabacs et dérivés	33.050	30.793	-7%	1%
Autres	298.541	489.694	64%	19%
TOTAL	**2.052.649**	**2.511.950**	**22%**	**100%**

Composition des exportations argentines vers différentes régions – 2008:

Exportations argentines	**Produits primaires**		**Produits agraires**	
Région de destination	*Mil million USD*	*% du total par région*	*Mil million USD*	*% du total par région*
Mercosur	2,08	13%	1,80	7%
NAFTA	0,41	3%	1,50	6%
Europe	3,49	21%	7,89	33%
Allemagne	**0,51**	**3%**	**0,71**	**3%**
TOTAL	16,42	23%	24,05	34%

Exportations argentines	**Produits industriels**		**Combustibles et énergie**	
Région de destination	*Mil million USD*	*% du total par région*	*Mil million USD*	*% du total par région*
Mercosur	10,18	46%	2,22	28%
NAFTA	3,56	16%	1,90	24%
Europe	1,76	8%	0,08	1%
Allemagne	**0,28**	**1%**	**0,00**	**0%**
TOTAL	22,21	31%	7,90	11%

Alors que les exportations vers l'Allemagne sont importantes, cette dernière appelle beaucoup d'Argentins à venir investir sur son territoire. Ainsi, sur le site Internet de l'ambassade d'Allemagne à Buenos Aires, on peut lire les arguments avancés en faveur de l'investissement en Allemagne.

1. L'Allemagne est un axe central pour les marchés émergents en Europe Centrale et de l'Est. L'Allemagne constitue le centre de l'Union

Européenne avec ses 454 millions de consommateurs, avec la plus importante participation économique (22% du PIB de l'Europe) et avec un large marché (18,5% de la population de l'Europe) ;

2. Le logo « Fait en Allemagne » est reconnu mondialement comme marque d'excellence. En 2003, l'Allemagne fut le meilleur exportateur mondial ;

3. L'Allemagne possède une infrastructure compacte et efficace ;

4. Tant les capacités professionnelles que l'éducation universitaire allemandes occupent une première place à l'international. Motivation, talent d'organisation, efficacité, caractérisent les collaborations allemandes. Elle compte sur des instituts techniques, de recherche, au renom international comme la Max-Planck-Gesellschaft et les Fraunhofer-Institute ;

5. L'Allemagne est leader en innovations et en exportations de produits de recherche et de développement ;

6. L'Allemagne est une des économies les plus libérales d'Europe. Le marché énergétique et des télécommunications est un exemple de son excellente ouverture ;

7. L'Allemagne peut compter sur une classe d'entreprises moyennes extrêmement efficaces et orientées vers l'extérieur. Les grandes et petites entreprises sont très efficaces et possèdent une grande capacité d'adaptation. Beaucoup de moyennes entreprises sont des leaders de leur domaine ;

8. Le système économique allemand s'adapte aux exigences de la globalisation mondiale ;

9. L'Allemagne possède une stabilité sociale. Les conflits sociaux sont faibles. Les taux de grèves et de manifestations sont extrêmement bas ;

10. L'Allemagne est un site international à la grande sécurité juridique et à la stabilité économique et politique. Plus de 22 000 entreprises étrangères avec plus de 2,7 millions d'employés et un volume de ventes de plus de 1 milliard d'euros, reflètent l'activité en Allemagne.

2.3. Le rôle des institutions

2.3.1. La chambre d'industrie et de commerce argentino-allemand.

Les entreprises ne sont pas seules dans leurs démarches d'investissement, les institutions mises en place par l'Etat les aident.
A Buenos Aires, se trouve le siège de la Chambre d'Industrie et de Commerce argentino-allemand, qui compte approximativement 800 adhérents. L'association s'appuie sur des partenaires dont le capital allemand est important, mais aussi sur des partenaires ayant des brevets allemands en Argentine et des partenaires soucieux d'entretenir des relations avec les entreprises argentines.
En 1993, entra en vigueur l'accord pour la protection et la promotion des investissements entre l'Argentine et l'Allemagne ; depuis 1978, une loi vise à supprimer la double imposition.

L’association a publié récemment un livre intitulé “Associations argentines de langue allemande: un atout à la responsabilité sociale”, dans lequel sont répertoriées plus de 130 associations et institutions, des collèges aux églises, dont la fonction est étroitement liée à la langue allemande.

Selon Ludwing-Daniel Angeli, vice-président de la chambre, « ce livre peut être le point de départ pour que les entreprises travaillent ensemble à l’élaboration d’un futur meilleur en Argentine ». En Allemagne, à travers la *Wissensfabrik,* (fabrique de connaissance), 250 entreprises transfèrent leur savoir aux écoles et travaillent ensemble pour garantir le développement du pays. Les compagnies membres de ce projet travaillent avec l’objectif de rendre l’économie du pays plus durable.

2.3.2. Vers une impulsion allemande

Alors que l’Argentine entretient l’aide à l’investissement sur son territoire, l’Allemagne, quant à elle, intervient dans la projection de ses entreprises en Argentine.
Le centre de migration international et de développement (*Centro de Migracion International y Desarollo* – CIM) est une agence de coopération allemande pour le développement.
Le personnel technique reste intégré aux institutions allemandes et travaille en Argentine comme partout dans le monde, en faveur de la politique de développement du gouvernement fédéral allemand.
En Argentine, les secteurs prioritaires sont les énergies renouvelables, la production énergétique et la protection de l’environnement.

En septembre 2009, la ministre de la production argentine Debora Giorgi et le président de l’Union Industrielle allemande, se sont réunis pour traiter de l'intérêt croissant des industriels allemands à réaliser des investissements en Argentine dans des secteurs aussi divers que l'automobile, l'industrie pharmaceutique, ou les énergies renouvelables. Actuellement, les principales entreprises allemandes présentes en Argentine sont : Bayer, Boehringer Ingelheim, Basf, Bertelsmann, Mercedes Benz, Volskswagen, Bosch, Siemens, et Thyssen Krupp. « Les industriels allemands réalisèrent à quel point l'Argentine traversait une crise internationale et ils se montrèrent intéressés à augmenter leurs actions dans des secteurs où les investissements se portaient bien », affirme D.Giorgi.

Selon le représentant de l'industrie allemande, Hans-Peter Keitel, il existe un réel intérêt pour les entrepreneurs allemands à fortifier le lien avec l'Argentine, à développer les négociations, et les échanges entre l'Union Européenne et le Mercosur. Hans-Peter Keitel est le plus grand industriel de son pays, et représente près de 35% du PIB allemand.

Le rôle de l'Etat est alors de soutenir le niveau d'activité tout au long de la crise internationale ; le gouvernement allemand a investi 5 milliards d'euros pour soutenir l'industrie automobile. De son coté, le gouvernement argentin soutient cette arrivée d'investissements en autorisant les bénéfices fiscaux.

Ainsi durant l'année 2008, l'Argentine exporta en Allemagne près de 1,5 milliards de dollars et importa un peu plus de 2,5 milliards de dollars.

2.4. L'Allemagne et le Mercosur

Le Marché Commun du Sud (Mercosur : Argentine, Brésil, Uruguay et Paraguay), constitué en mars 1991 et considéré au début comme une nouvelle tentative d'intégration latino-américaine dont les aspirations étaient nobles mais les résultats incertains, est devenu en un peu plus de cinq années le fer de lance d'efforts déterminés, visant à la construction d'un marché régional à l'extrême sud du pays.

« En effet, la nouvelle vague mondiale d'initiatives régionales, qui commencent à se concrétiser au niveau mondial à partir de la moitié des années 80 et dont l'exemple le plus probant est le lancement du projet de marché unique européen en 1985, se fait directement sentir en Amérique latine. Par la suite en 1986, les plus hauts dirigeants des jeunes démocraties récemment réinstaurées en Argentine et au Brésil, scellent la fin de la rivalité historique entre les deux pays les plus puissants d'Amérique Latine. Ces deux pays commencent à concevoir un projet d'association économique bilatérale, initialement aux contours assez flous, mais emblématique du point de vue politique : il s'agit essentiellement de promouvoir l'idée de l'intégration dans le Cono Sur, dans lequel on trouvait paradoxalement peu d'antécédents historiques »[80].

Or, entre 1985 et 1995, l'Amérique Latine en général et l'Argentine en particulier, ont fait de nombreux progrès : démocratisation politique, dérégulation économique et ouverture commerciale unilatérale.

En décembre 1995, à Madrid, « l'accord de coopération interrégionale » est signé entre le Mercosur et l'Union Européenne, véritable symbole du rayonnement extérieur du bloc.

Cet accord est le couronnement de l'énorme dynamisme économico-commercial, il consacre ainsi l'objectif de renforcer la coopération économique et commerciale entre les deux entités et a pour but principal une libéralisation progressive et réciproque des échanges.

En mai dernier, la Commission européenne a annoncé la négociation d'un accord de libre échange entre l'UE et le Mercosur. En effet, si l'UE est le premier partenaire

---

[80] Daniel Schutt, coordinateur pour le Mercosur et le Chili - Eipascope 1996/3.

commercial du Mercosur, ce dernier devient un marché important pour l'UE. L'Union estime qu'un accord de libre-échange entre les deux parties se traduirait pour chacune à 4,5 milliards d'euros par an en termes d'exportations.

Ainsi, la communauté allemande intégrée au cœur de l'Argentine eut de réelles influences économiques sur son pays d'accueil. Elle sut peu à peu imposer, dans certains secteurs clés de l'économie, ses méthodes et sa façon de travailler. Cette communauté se dirigea plus naturellement vers l'Allemagne, son pays d'origine, lors des exportations et importations. Les échanges et investissements sont soutenus par l'Allemagne, si bien que ces deux pays semblent liés par une communauté influente.

Alors que nous avons montré l'importance des rapports économiques, voyons à présent en quoi l'influence politique et militaire de la communauté allemande en Argentine est puissante.

iheal.univ-paris3.fr

TROISIÈME PARTIE
LES INFLUENCES POLITIQUES ET MILITAIRES

CHAPITRE I

DE 1880 À LA SECONDE GUERRE MONDIALE

En 1857, le traité d'amitié, de commerce et de navigation est signé entre le règne de Prusse et la confédération argentine. Depuis, les relations politiques et militaires entre l'Argentine et l'Allemagne connurent des va-et-vient au rythme du contexte international. L'immigration allemande laissa une profonde marque lors de la formation de Buenos Aires au cours du XXe siècle. Les influences sociales et politiques s'imbriquèrent alors : les ouvriers allemands, qui étaient poursuivis par les lois antisocialistes de Bismarck, fondèrent en 1882 le Club Vorwärts, la première organisation socialiste, à laquelle participa l'ingénieur allemand Avé-Lallement, journaliste et pionnier du marxisme argentin.

L'idéologie allemande véhiculée par l'immigration dès 1880, se répandit en Argentine. Ainsi, l'Allemand Ernesto Quesada, introduit et divulgua le courant philosophique du pessimisme culturel qui fascina Ezequiel Martínez Estrada et bien d'autres intellectuels argentins.

Les militaires s'enthousiasmèrent également de l'idéologie de la « révolution conservatrice » et de son représentant : Ernst Jünger. De même, le juriste nazi Carl Schmitt était tant lu en Argentine, qu'il influença les rédacteurs de la constitution de 1949.

Ainsi, les relations étroites s'établirent entre les deux pays tout au long de la seconde moitié du XIXe siècle, et perdurèrent au début du XXe siècle. Le prestige du modèle militaire allemand, l'Allemagne comme fournisseuse d'armements et de bateaux de guerre, et le rôle indéniable du marché allemand, comme source de matières premières, contribuaient à alimenter leurs relations.

1.1. L'influence allemande dans la marine argentine

Les relations et les contacts entre la marine argentine et la marine allemande commencèrent en 1880, sous la présidence de Julio Argentino Roca, admirateur de l'Allemagne. Empire alors fraîchement consolidé après la guerre de 1870, l'Allemagne suscitait l'intérêt argentin pour son potentiel maritime et naval, ses nouvelles conceptions de constructions navales, son utilisation tactique et stratégique. Du coté allemand, le processus économique d'expansion de son industrie lourde, et son exportation, utilisée comme moyen d'arriver à une position internationale, amena l'Allemagne à exporter son industrie militaire et navale. Une série de contrats se mit alors en place, en matière d'armement et de navires.

En 1888, les artilleurs de la compagnie Howald Werke signèrent un premier contrat avec les Argentins pour la construction de trois premiers navires d'origine et de construction allemande : "Bahía Blanca" (devenu Ushuaia), "Golondrina" et "Gaviota". Le deuxième contrat de la commission navale permit à l'Argentine de se doter du bateau « 1° de Mayo ». Aux mains du capitaine allemand Kart Zinder et sous étendard argentin ; il arriva à Buenos Aires en 1894.

Le professionnalisme allemand au début du XXe siècle suscita une admiration croissante de la part des institutions militaires argentines. L'achat d'armement, la formation des officiers dans l'armée de terre, les contrats et les accords se développèrent. On créa même en Argentine, à l'image de l'allemande, une ligue navale.

La Première Guerre mondiale mit à mal les relations entre les deux pays, puisque l'Argentine demeura dans la neutralité sous les gouvernements de Victorino de la Plaza et d'Hipólito Irigoyen, alors que l'opinion publique était partagée. Mais les relations ne s'arrêtèrent pas pour autant. En 1922, les représentants de la marine allemande furent de nouveau envoyés en Argentine et la présence de l'attaché naval fut maintenue jusqu'en 1934.

En 1921, l'Argentine acheta de nouveaux bateaux, construits entre 1916 et 1918 ; ce furent dix dragueurs de mines de 550 tonnes, qui arrivèrent depuis l'Allemagne. L'objectif était d'acheter « de la bonne qualité à des prix attractifs » mais pas nécessairement pour répondre à une politique d'influence. Par contre, à la différence de l'armée de terre, il n'y eut pas d'Argentins envoyés en formation en Allemagne, ni d'instructeurs allemands dans la marine argentine.

1.2. Vers la création de l'Ecole Supérieure de Guerre

La participation allemande au commerce d'armes argentin se développa aux débuts des années 1860. L'armée de terre paraguayenne introduisit les canons fabriqués par la firme allemande Krupp, dans la région de la Plata durant la guerre de la Triple Alliance (1865-1870). Le gouvernement argentin commanda ses premiers canons Krupp en 1873, effrayé par les intentions expansionnistes du Chili. Rapidement, les autorités argentines, face à un pays prospère mais instable, se montrèrent intéressées par les méthodes militaires allemandes.

L'Argentine et l'Allemagne partageaient à cette époque non seulement les expériences d'unification nationale et une commune tradition européenne, mais aussi des structures gouvernementales au caractère autocratique, dominées par l'élite. Le gouvernement allemand était également conscient de la nécessité d'équilibrer ses intérêts entre l'Argentine et le Chili.

Pendant la première présidence du président Roca (1880-1886), les instituts militaires s'établirent avec l'assistance des techniques militaires allemandes. L'achat d'armement moderne et l'adoption de méthodes d'entrainement allemand étaient des exemples du lien étroit entre les deux pays. Roca, admirateur de l'institution militaire allemande, eut recours à l'aide allemande pour des questions de défense nationale. Rapidement, des spécialistes allemands commencèrent à occuper des positions clés au sein de l'armée de terre argentine.

A la fin du XIXe siècle, les représentants des forces armées allemandes en Argentine, s'érigèrent lentement comme les protecteurs des intérêts économiques allemands dans le Rio de la Plata. Dans les années précédant la Première Guerre mondiale, cette politique vint même jusqu'à porter assistance aux fabricants d'armes et artilleurs navals allemands.

Les instruments mis en œuvre pour cette assistance furent : les démonstrations et la propagande pour l'utilisation de l'instruction militaire et navale allemande, et la vente de bateaux de guerre, de pistolets et de revolvers allemands sur le marché argentin.

Ces efforts visaient à récupérer les clients argentins, mais aussi à neutraliser les potentiels rivaux, spécialement les vendeurs d'armes français, nord-américains et britanniques.

Le gouvernement argentin assuma à la fin du XIXe siècle l'objectif de fortifier sa prospérité et sa défense nationale, en cultivant d'étroites relations militaires, navales et économiques avec l'Allemagne.

La menace chilienne à l'époque préoccupait les membres les plus influents du gouvernement ; à cela s'ajoutait la crainte de la menace brésilienne durant la première décennie du XXe siècle. Dans l'optique du gouvernement argentin, les experts allemands pouvaient aider à créer une armée moderne, qui offrait la protection tant contre les pays voisins mais aussi contre les révolutionnaires radicaux internes. Dans tous les cas, cette armée servirait d'instrument de consolidation et de développement national.

Les efforts des instructeurs militaires et des firmes allemandes, qui produisirent des armes et des canons pour le marché argentin, remportèrent un franc succès.

Malgré l'avènement de la crise, la décennie de 1890 fut témoin de la consolidation de l'influence allemande dans le commerce des armes et dans l'organisation des forces armées argentines. Jusqu'en 1894, la préoccupation du gouvernement argentin face à la menace chilienne, l'amena à demander un crédit spécial au gouvernement allemand pour la défense militaire. Cette année 1894, fut particulièrement tendue ; les Chiliens s'introduisirent sur les terrains que les Argentins considéraient comme les leurs. Ces incursions impliquaient certains Allemands, qui déclaraient agir en toute autonomie mais qui en réalité préparaient des cartes stratégiques pour le gouvernement chilien.

L'influence militaire allemande fut croissante en Argentine malgré la préoccupation existante face aux fortes dépenses d'armement.

Durant la seconde présidence de Julio Roca, entre 1898 et 1904, le regard de l'Argentine vers l'Allemagne se fit encore plus accentué.

Dans la poursuite de 1895, le gouvernement chilien semblait se préparer à une guerre contre l'Argentine incorporant dans ses troupes des officiers allemands. Le président Roca, peu enclin à permettre que son voisin altère l'équilibre de pouvoir sud-américain, s'engagea dans des réformes de modernisation de ses forces armées. Ces mesures parurent encore plus urgentes, quand l'Argentine adopta, comme le Chili, un système de service militaire.

Le président Roca, les secteurs pro-germaniques du gouvernement ainsi que l'armée étaient totalement convaincus que l'existence d'une académie de guerre centralisée comblerait les failles de l'organisation militaire argentine. Cette académie serait dirigée par des spécialistes militaires originaires d'Allemagne, pays modèle, et servirait d'institution d'entrainement pour les officiers argentins. La création de l'Ecole Supérieure de Guerre naquit d'un contrat signé entre le chargé d'affaires argentin en Allemagne, Seeber (recommandé par le ministre de la défense argentin), le général Alfredo Arent et les officiers de l'armée allemande, colonel Kornatzki et les capitaines Felgenhauer et Schunk, et le capitaine Diserens de l'armée Suisse.

Cependant, la mise en œuvre de ce projet d'académie de guerre dominée par les Allemands, bien que dirigé par le président Roca et son cercle, engendrait une certaine critique de la part des secteurs nationalistes argentins et étrangers. Cette résistance força Roca à réduire le nombre d'officiers allemands incorporés dans l'Ecole. Les grands journaux s'opposèrent également au projet. La *Nación* posa la question de la réelle nécessité d'introduire des spécialistes allemands ; ses rédacteurs s'exprimèrent sur leur crainte de voir le ministre de la défense argentin converti en une sorte de jouet allemand, rappelant les dommages causés par la "Prusianización-manía" au Chili. L'inauguration eut cependant lieu en 1900.

1.3. Entre nationalisme et intérêt

José Félix Uriburu[81], fut un des premiers militaires argentins en faveur de l'implantation de la doctrine allemande et titulaire du diplôme de l'Ecole Supérieure de Guerre. Il en fut le directeur entre 1907 et 1913, et devint président d'Argentine en 1930.

La réceptivité argentine à l'instruction militaire allemande répondait à une logique rationnelle.

En effet, à cette époque, le commandement supérieur argentin souhaitait assurer, dans un moindre coût, la survie d'un système moderne d'entrainement militaire. En 1906, on décida d'imiter l'expérience chilienne, et d'envoyer des officiers argentins en entrainement en Allemagne. Entre 1900 et 1914, en contrepartie, des officiers allemands enseignaient en Argentine. Le programme fonctionna parfaitement. Uriburu, alors directeur de l'Ecole, veillait à la sélection des officiers pour l'entrainement en Allemagne.

Entre 1906 et 1910, la dispute argentino-brésilienne, causée par l'ambitieux programme de construction naval brésilien et les réclamations argentines dans l'estuaire du Rio de la Plata, donna aux Allemands l'opportunité de gagner en influence dans le corps des officiers argentins. Cependant, quand la guerre entre l'Argentine et le Brésil parut imminente en 1908, l'attitude nationaliste locale se renforça et les Allemands furent privés des plans de mobilisation des forces. Jusqu'au printemps 1910, l'importante opposition nationaliste défiait l'infiltration du personnel allemand et de ses idées. Malgré cette forte réaction nationaliste au sein des forces armées argentines, deux importants membres du cabinet du président Roque Sáenz Peña (1910-1913), continuèrent à défendre l'entrainement militaire en Allemagne. Il s'agit du ministre

---

[81] José Félix Uriburu est un militaire putschiste et dictateur argentin, qui occupa de facto la présidence de la nation argentine du 6 septembre 1930 au 20 février 1932.

de l'intérieur, Indalecio Gómez, et du ministre de la guerre, le général Gregorio Vélez. Ils coopérèrent étroitement avec les institutions allemandes, malgré la présence dans l'armée de terre argentine, d'importants groupes anti-allemands.
Alors pourquoi un tel rejet de la présence militaire allemande ? Un facteur externe est à prendre en compte : en 1912, la déroute dans les Balkans de l'armée turque (entrainée par les Allemands), affecta l'image que le monde possédait de l'utilité et de l'efficacité de l'armement allemand. Uriburu initia en 1913, avec plus ou moins de succès, tout un programme de réformes militaires depuis son banc de député national. Ceci conditionna sa nomination comme chef d'Etat-major.

Jusqu'à l'aube de la Première Guerre mondiale, les intérêts allemands véhiculés par l'industrie militaire, continuèrent à se développer au côté du gouvernement argentin. Bien que les Allemands fussent plus respectés qu'aimés, les instructeurs militaires allemands et les officiers argentins formés en Allemagne remportaient des victoires dans les transformations du corps des officiers, plus unis, et un peu moins enclins à la rébellion que dans le passé.
D'étroites relations entre le corps des officiers aristocrates allemands et les chefs militaires argentins ne cessaient de croître, malgré la présence d'un sentiment nationaliste argentin.
Les officiers, de la classe moyenne, voire même basse classe, profitèrent de cet engouement pour se placer du côté allemand et ainsi, gagner en promotion et en postes plus élevés.

Avec la participation active des membres du gouvernement et du corps des officiers argentins, les ventes croissantes d'armes allemandes influencèrent de façon significative le modèle de construction de l'armée de terre argentine.

Mais tous ne suivirent pas le modèle allemand, certains Argentins, nationalistes, traditionnalistes, se rapprochèrent d'autres modèles étrangers.
En réponse à ces défis, le gouvernement, les forces armées et l'industrie de l'armement allemand, commencèrent jusqu'à la fin du XIXe siècle, à défendre avec détermination ses intérêts croissants au sein du marché argentin. L'enseignement de l'allemand qui avait été dispensé aux militaires argentins, bien qu'en proie au nationalisme, laissa des traces dans le corps des officiers. Les Allemands contribuèrent donc à fortifier le patrimoine national argentin.

Dans les premières années du XXe siècle, l'armée argentine continuait de se germaniser. Les gouvernements libéraux argentins voulaient le meilleur pour leur pays, et le meilleur était européen. Or pour l'armée de terre, le modèle était prussien. La Prusse avait vaincu par les armes facilement la France en 1870, et l'artillerie Krupp, les fusils de Mauser, attiraient l'admiration argentine. Déjà en 1902, le général argentin Ricchieri adoptait les règlements de l'armée allemande et invitait des professeurs allemands à l'Académie de Guerre. Les meilleurs officiers argentins obtenaient une bourse pour Berlin. On porta le même uniforme et sonna la même musique martiale.

Militaire argentin avec l'uniforme prussien.

1.4. L'influence militaire allemande dans l'uniforme argentin

L'uniforme argentin n'a pas été épargné par l'influence allemande. Dès les années 1910, l'influence allemande apparaît quoiqu'encore discrète et mêlée à la française.

Influence : uniforme français – casques allemands « pickelhaube »

Ce n'est que dans les années 20 que l'influence germanique s'affirme et cela jusqu'à la Seconde Guerre mondiale. Cela s'observe avec l'uniforme de campagne, de couleur vert olive.

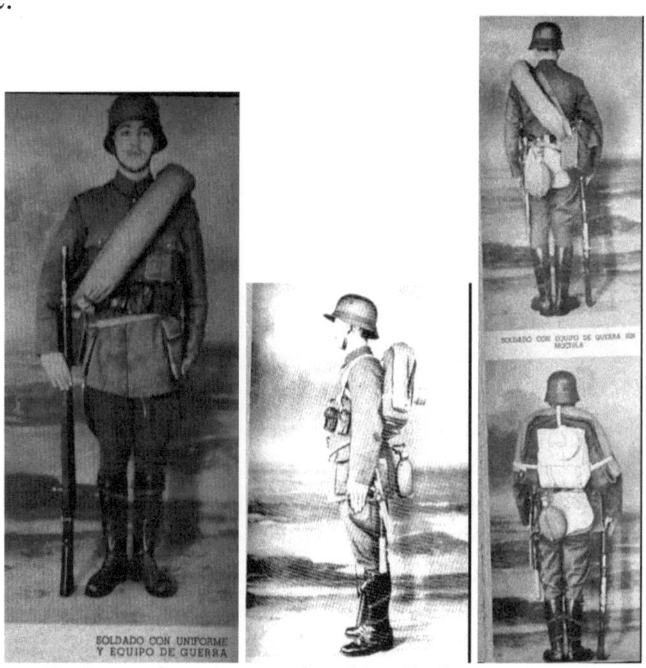

Uniformes de campagne du soldat d'infanterie en 1938, influencés par l'uniforme germanique.

Aviation argentine (à gauche) –
uniforme très ressemblant à l'armée de terre allemande – « La Heer »
(armes-anciennes-militaria.fr)

Progressivement, dans les années 40, le vert olive laissa la place au marron. A la fin de la Seconde Guerre mondiale, l'armée argentine quitta une fois de plus la couleur de son uniforme pour adopter la couleur sable, avec pantalon et bottes hautes. Le chapeau, quant à lui, restait d'influence prussienne. Aujourd'hui, l'armée de terre, a retrouvé la couleur vert olive. « On pourra dire que les armées espagnoles et allemandes utilisent ce même modèle d'uniforme, mais nous l'avons adopté pour une question de moyen et de commodité », affirme le Général Roberto Bendini, chef des armées[82].

La marche militaire de San Lorenzo est un symbole du lien qui unit l'Argentine à l'Allemagne. En effet, cette marche militaire, créée par Cayetano Alberto Silva en 1868, un Uruguayen, fut offerte au colonel Pablo Ricchieri, alors ministre de la défense et modernisateur de l'armée argentine. Considérée comme marche officielle de l'armée argentine en 1902, elle devint célèbre au cours de l'histoire et réputée comme étant une des cinq meilleures partitions militaires du monde. A l'époque du nazisme, l'armée argentine offrit cette marche à l'armée allemande comme marque d'amitié, et reçut en échange la marche « Alten Kameraden ». Elle fut jouée par les Allemands pendant la Seconde Guerre mondiale, lors de leur entrée dans Paris sous l'Arc de Triomphe. Elle fut également jouée par le général Eisenhower, quand les alliés libérèrent Paris.

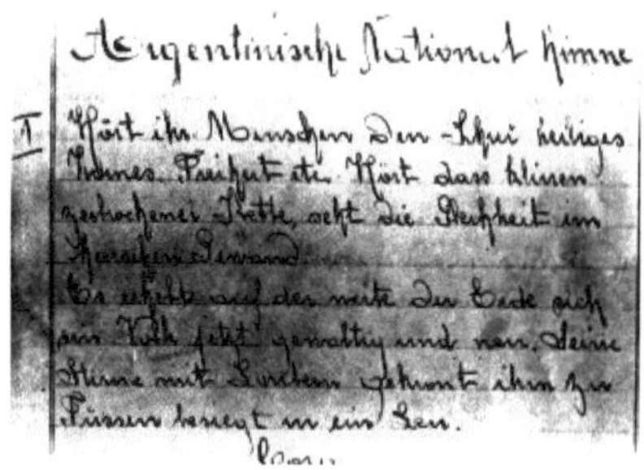
Argentinische National Himne

I Hört ihr Menschen den Schrei heiliges
[illegible] Freiheit etc. Hört das klirren
zerbrochener Kette, seht die Gleichheit im
[illegible]
Es erhebt auf der weite der Erde sich
ein Volk jetzt gewaltig und neu. Seine
Stirne mit Lorbeern gekrönt ihm zu
Füssen besiegt ein Leu.

Hymne national argentin

[82] Propos receuillis par Daniel Galio dans le journal « La Nacion », 2006.

CHAPITRE II

L'ARGENTINE ET LE NAZISME

Buenos Aires n'aurait sans doute pas été le havre des nazis en cavale sans le général Juan Perón. En effet, au pouvoir pour la première fois de 1945 à 1955, membre de la mission militaire argentine à Rome dans les années 30, le futur « caudillo » tomba alors en admiration pour le fascisme mussolinien, dont il s'inspira largement durant son règne. Avant la fin du conflit mondial, des capitaux allemands transférés en Argentine financèrent la naissance d'une centaine de sociétés. Le Reich effondré, il en aurait coûté 800 millions de dollars aux fuyards pour bénéficier de la protection du régime péroniste, selon une note du service secret de la marine américaine. Ces questions aujourd'hui d'actualité font resurgir un passé souvent mal admis: les pays du cône sud de l'Amérique latine, en particulier l'Argentine, ont complaisamment accueilli en 1945 nombre de criminels de guerre et d'anciens dignitaires fascistes européens. Outre Eichmann et Mengele de sinistre mémoire, ou Vittorio Mussolini, l'un des fils du Duce, Martin Bormann aurait lui aussi trouvé refuge en Argentine, si l'on en croit un rapport établi par un curé argentin, le père Egidio. Voyons donc comment s'est manifestée cette ferveur pronazie ainsi que son rejet.

2.1. La collaboration du gouvernement Perón

Au cours des années 30 et au début de la guerre, la ferveur pronazie augmentait.

En 1931, le département Ultramar de la Direction Nationale du Parti Nazi (*Auslandsabteilung der Reichsleitung der*

NSDAP) comptait 59 membres. En 1933, ce parti nazi comptait 315 membres, puis 2100 en 1936. Quand le parti fut peu à peu dissous par la pression du gouvernement argentin au cours des années 1939, il comptait 1635 membres. En 1942, le président Castillo ordonna la fermeture de cette fédération.
Le national-socialisme tenta de canaliser son influence à travers plus de 200 écoles allemandes qui existaient en Argentine. En 1938, seulement sept d'entre elles se disaient neutres à cette influence. Les autres répondirent à un nationalisme allemand conservateur et directement lié à l'hitlerisme. Les associations, les clubs sportifs et musicaux, tous les secteurs étaient sous influence nazie. Le troisième Reich s'appliquait également à cultiver ses relations avec les politiques, mais aussi les professionnels, les consommateurs de technologie allemande. L'ambassadeur allemand en Argentine, Edmund von Thermann, avait pour rôle de cultiver la bonne image allemande auprès des fonctionnaires et de la haute société.

Selon un rapport de l'ambassadeur argentin devant le gouvernement d'Hitler, en 1938, le nombre d'Allemands résidant en Argentine s'élevait à 236.755, et le nombre d'Allemands du Reich à 43.626.[83]

Puis, en 1943, eut lieu le coup d'Etat du GOU, un groupe d'officiers unifiés, représenté par son secrétaire : le Général Juan Domingo Perón, fraichement rentré d'Italie. Il y avait admiré les conditions de vie et la politique économique. Perón remporta les élections en 1946 et les militaires argentins agirent aveuglément en défense du modèle fasciste européen et suivirent les idées du nouveau président. Ainsi, toute une structure favorisa notablement l'entrée massive

---

[83] Berlin, aout 1938, Eduardo Labougle.

d'Allemands nazis, soutenus par certains secteurs du Vatican, et de l'église catholique.
Les réseaux d'évasion furent balisés, avec l'acquiescement du Vatican, par l'évêque allemand Alois Hudal et le futur cardinal italien Giuseppe Siri. Point de départ pour le Nouveau Monde: Gênes, où l'octroi de faux passeports, billets et viatiques, était assuré par Walter Rauff, qui écuma l'Europe centrale avec ses chambres à gaz roulantes. (En 1949, jugeant sa mission accomplie, l'ancien SS s'enfuit pour le sud du Chili, où il vécut en homme d'affaires prospère jusqu'à sa mort en 1984).

Les personnes exfiltrées au moyen de ces réseaux reçurent le plus chaleureux accueil dans l'Argentine de Juan Perón. Dans son livre de 2002, « Le véritable Odessa », le chercheur argentin Uki Goñi a utilisé de nouveaux accès aux archives du pays pour démontrer que les diplomates et officiers de renseignement argentins avaient, suivant les instructions de Perón, vivement encouragé les criminels de guerre nazis et fascistes à s'établir en Argentine. Selon Goñi, les Argentins ne se limitèrent pas à collaborer avec la filière du prêtre Draganovic[84], mais de leur propre initiative, créèrent d'autres courants à travers la Scandinavie, la Suisse et la Belgique.

« Un ancien officier de la « SIPO » ou services répressifs de la police secrète nazie, était devenu à Buenos Aires, où il s'était réfugié en 1945, l'un des réceptionnaires des cadres nazis clandestinement envoyés vers l'Amérique du Sud. Cet avocat d'origine belge, entré dans la SIPO en mai 1940, connu antérieurement pour avoir animé le mouvement

[84] Krunoslav Draganović (né le 30 octobre 1903 et mort en juin 1983 à Sarajevo) était un prêtre catholique connu comme un des principaux organisateurs des réseaux d'exfiltration nazis qui permirent aux criminels de guerre nazis de fuir l'Europe après la Seconde Guerre mondiale.

flamand pronazi, surveillait la colonie allemande d'Argentine. »[85]

Selon Goñi, l'Argentine se compromit une première fois dans le recel de Nazis en janvier 1946. Peu après cette date, le recel de Nazis s'institutionnalisa lorsque le nouveau gouvernement péroniste désigna l'anthropologue antisémite Santiago Peralta comme commissaire à l'immigration et le supposé ancien agent de Ribbentrop Ludwig Freud comme son chef du renseignement. Goñi fait valoir que les deux hommes mirent alors en place un service composé d'agents du service secret et de conseillers de l'immigration, qui étaient eux-mêmes des criminels de guerre européens, disposant d'une citoyenneté argentine et d'un emploi dans le pays.

Parmi ceux qui ont bénéficié de ce réseau, on peut citer :

- Erich Priebke (arrivé en 1947) ;
- Josef Mengele (arrivé en 1949) ;
- Adolf Eichmann (arrivé en 1950) ;
- L'autrichien Reinhard Spitzy ;
- Charles Lescat ;
- Le SS Ludwig Lienhardt ;
- Ludwig Freud et son fils Rodolfo Freud, qui devint responsable des services de renseignement de Perón lors de sa première présidence ;
- Klaus Barbie ;
- Le chef des oustachis croates Ante Pavelic ;
- L'ex-Premier ministre de la Yougoslavie occupée, Milan Stojadinović ;
- Jacques de Mahieu, qui devint un idéologue du péronisme ;

[85] F.de VILLEMAREST, Pierre, *Les stratèges de la peur*, Suisse, Editions Voxmundi, 1980 - p45.

- Le belge Pierre Daye, qui devint l'éditeur d'un journal péroniste ;
- Stanko Kociper, beau-fils du Slovène Leon Rupnik.

Le général Perón cultiva sa sympathie à l'égard du régime d'Hitler bien après sa déroute comme le montre cette citation d'après guerre : « A l'époque, il se produisait à Nuremberg quelque chose que personnellement je considérais comme une honte et une malheureuse leçon pour le futur de l'humanité. J'acquis la certitude que le peuple argentin aussi considérait le procès de Nuremberg comme une honte, indigne des vainqueurs, qui se conduisaient comme s'ils n'avaient pas été vaincus. Maintenant nous réalisons qu'ils (les Alliés) méritaient de perdre la guerre »[86].

Juan Perón et son épouse Evita, établissaient de faux documents aux nazis qui s'échappaient d'Europe, et recevaient des sommes d'argent de la part de l'ambassade allemande de Buenos Aires.

Dans les semaines qui suivirent la fin de la guerre, deux sous-marins allemands abordèrent les côtes argentines.
Selon des sources proches des services secrets occidentaux, l'un d'eux transportait une partie du trésor de guerre nazi.
Ce n'est donc pas en territoire hostile que s'installèrent les vaincus. Au contraire: une solide structure financière et politique servit d'assise à leur établissement, que ce fût dans la région de Bariloche, dont certaines maisons arborent encore des insignes de « l'époque héroïque », ou dans la Sierra de Cordoba, quand ils ne préféraient pas l'anonymat de la capitale.

Alors que certains Allemands installés en Argentine, Ludwig Freud, Richard Staudt ou Fritz Mandel, avaient coopéré à

[86] Citation de Juan Peron, sur les Tribunaux de Nuremberg concernant les criminels de guerre nazis- citée dans « The real Odessa » d'UKI GONI-2003.

l'ascension de Perón, avec la déroute de ce dernier et la fin de guerre, le pays se convertit en un territoire de sauvegarde des capitaux allemands de l'ère nazie.

Ainsi le renversement de Perón signa la fin d'une tranquillité pour les nazis d'Argentine. Non que le nouveau régime militaire s'affichât antifasciste, mais l'exil de leur protecteur augurait un avenir incertain. Prudent, le docteur Mengele, l'«ange de la mort » d'Auschwitz, quitta Buenos Aires pour le Paraguay, alors sous la férule d'un « compatriote » idéologiquement proche, le général Stroessner. Après la chute du gouvernement Perón, en 1955, beaucoup de nazis ne se sentirent plus en sécurité en Argentine et ils partirent au Chili et au Paraguay.

En 1960, un coup de tonnerre troubla la sérénité des nazis d'Argentine: un commando israélien enleva Adolf Eichmann, l'un des principaux exécutants de l'Holocauste, qui sera jugé et finalement pendu à Tel-Aviv. Mais si cette action audacieuse permit la capture de l'un d'eux, elle resta sans effet sur l'impunité dont continuèrent de jouir les autres nazis. En 1977, la police tenta d'arrêter Eduard Roschmann, le « bourreau de Riga », responsable de 40 000 exécutions sommaires, mais celui-ci parvint à se réfugier à Asunción au Paraguay.

Le rétablissement de la démocratie en 1985 laissa présager un changement d'attitude des autorités. L'espoir fut confirmé par la détention de Walter Kutschmann, un ancien chef de la Gestapo, débusqué 10 ans plus tôt par Simon Wiesenthal, l'infatigable chasseur de nazis; il décéda en prison avant qu'un tribunal ne décide de son sort. Autre succès: Joseph Schwammberger, officier SS ayant sévi en Pologne, qui sera extradé vers l'Allemagne.

Ce n'est qu'en 1992 que le président Menem ordonna l'ouverture des archives concernant les nazis en Argentine. « Mais les documents sont plutôt décevants, on ne trouve aucune estimation sur leur nombre : des centaines, des milliers ? « La grande utilité de ces archives, est qu'elles poussent à entreprendre de nouvelles recherches », reconnaît toutefois Jorge Camarasa, un journaliste auteur de deux ouvrages sur le sujet, l'autre utilité étant de confronter le « pays du tango » à une page sombre de son histoire. Car, force est de constater (et le récent arrêt en faveur de Priebke vient de le confirmer[87]), que certains secteurs de la société argentine ont été perméables à l'influence nazie »[88].

Aujourd'hui, la question se pose encore sur la présence d'Adolph Hitler en Argentine à partir de 1945. En effet, différentes sources d'information affirment que des sous-marins allemands voguaient au large des côtes argentines, à partir de 1945, soit deux mois avant la fin de la guerre, et qu'Adolf Hitler était probablement dans ces derniers.

Ces deux sous-marins allemands arrivèrent au port de Mar Del Plata, où ils se rendirent aux autorités argentines. En effet, l'Argentine offrait aux Allemands une infrastructure parfaite, un lieu loin de la guerre perdue, une collectivité allemande les y attendait, bien établie économiquement et un gouvernement péroniste pro-nazi-fasciste. De façon clandestine, on peut aujourd'hui affirmer, grâce aux témoins, que des nazis et leurs familles furent amenés par 11 ou 12 sous-marins, après une traversée de 9 semaines, attendus par les militaires argentins sur la côte sud. Ils s'établirent à Bariloche, dans une région peu dépaysante car très ressemblante à la Suisse.

---

[87] L'arrêt de Priebke date des années 90.

[88] BAUDIN, Gilles, le Monde, 31/08/1995.

2.2. La diversité d'opinion de l'immigration allemande : l'antifascisme

Alors que le gouvernement péronniste développait sa politique en faveur du nazisme, l'opinion publique allemande n'adhérait pas toujours à ce courant de pensée.
Pendant le gouvernement d'Hitler en Europe, à Colonia Liebig[89], parmi les Allemands, il existait deux groupes bien définis : les sympathisants et les opposés au parti nazi.
Les moyens de communication étant encore peu développés, chaque groupe recevait des nouvelles venues d'Allemagne et d'Europe par des familles restées en Europe. Les informations, peu nombreuses, développaient la fierté et l'intérêt des Allemands d'Argentine, pour le gouvernement d'Hitler ; ils recevaient la propagande par cartes postales, les invitant à rentrer en Allemagne avec la promesse de travail. La plupart, décidèrent de rester en Argentine. Pour ceux qui tentèrent l'expérience, le gouvernement allemand les envoyèrent travailler dans les colonies allemandes en Afrique, avec un niveau de vie bien inférieur à ce qu'ils connaissaient en Amérique. Ils n'avaient alors plus la possibilité de faire demi-tour. En Argentine, par l'ambassade allemande à Buenos Aires, les immigrants recevaient des subventions destinées à les aider. Cela alimentait le fonctionnement des écoles allemandes, dirigées par des Allemands et destinées aux Allemands et fils de ces derniers.
A l'époque de la ferveur pro-gouvernementale hitlérienne, il y eut une telle tension entre les immigrants, sympathisants ou non, qu'ils arrivèrent à ne plus se saluer, ou à se fréquenter entre eux.
Puis vint la terrible persécution des Allemands par le gouvernement argentin et par la Garde Nationale. Beaucoup

---

[89] Colonia Liebig, est un village situé dans le département argentin Ituzaingó, dans la province de Corrientes au nord-est du pays.

de journaux publiaient des grèves supposées et/ou des réunions secrètes qu'ils attribuaient à la préparation de conspirations ou attentats. Le journal allemand *Argentinesches Tageblatt*, pourtant antinazi, était infiltré par l'ambassade allemande qui aidait économiquement les journalistes nationalistes antisémites et le parti nazi local.

Tout immigrant allemand était persécuté, suspecté d'organisation occulte. A peu près 50 Allemands résidant à Colonia Liebig furent emprisonnés et transférés à la prison de Posadas (dans la région de Missiones), où ils furent logés dans des conditions misérables pendant six mois.

Familles allemandes détenues à la prison de Posadas.

Pour éviter les détentions, beaucoup de citoyens fuyaient dans les montagnes avoisinantes, craignant d'être découverts. Les immigrants allemands ou leurs descendants étaient interdits de réunion, même de caractère religieux. Beaucoup de témoignages ou anecdotes laissèrent des séquelles sur leurs descendances. Ces Allemands racontent encore aujourd'hui la façon avec laquelle ils étaient maltraités physiquement et psychologiquement par les soldats argentins qui les surveillaient de jour comme de nuit ; leur seule faute était d'être Allemand ou originaire d'Allemagne.

« A la fin des années 30 et au début des années 40, une coalition politique antifasciste largement répandue et hétérogène, se développa en Argentine, avec pour défense l' « argentinité », face à une supposée avancée nazie dans le pays ; cela prit forme dans un contexte de polarisation de la scène politique, où les conflits internes étaient étudiés sous le prisme des évènements politiques européens. Les dénonciations faisaient bon train au sein des publications sur les activités national-socialistes dans les écoles. Les Allemands antinazis se regroupaient en association *Das Andere Deutschland* (La Otra Alemania) »[90].

A partir de 1935 et avec le début de la Guerre Civile espagnole et la stratégie de la Troisième Internationale, se développa la formation de fronts populaires ; ces derniers eurent une influence décisive sur la naissance d'un vaste mouvement antifasciste international, organisé par les intellectuels, les artistes et les journalistes occidentaux. En Argentine, l'antifascisme donna une certaine cohérence à des groupes de personnes qui venaient de secteurs divers et d'environnements politiques et culturels différents. Parmi la grande quantité d'antifascistes, on trouvait des germanophones, et des réfugiés, qui formaient un groupe hétérogène, dont les principaux moyens de diffusion et d'expression étaient le journal *Argentinisches Tageblatt* (AT) et le groupement *Das Andere Deutschland* (DAD). Ils véhiculaient les atrocités commises par le nazisme en Europe et dénonçaient leur supposée infiltration en Amérique du Sud et en Argentine.

---

[90] German Claus FRIEDMAN, *La conformacion de una identidad colectiva*, Buenos Aires.

Le directeur du *Argentinisches Tageblatt*, Ernesto Alemann, multipliait ses articles sur les similarités évidentes existant entre les institutions nazies allemandes et argentines, et sur leur croissante influence dans la politique nationale. La question de la « nazification » des écoles de la collectivité faisait débat, de même que la nécessité de créer en conséquence un collège pour les enfants des antinazis.

Chapitre III

Vers un rapprochement politique et militaire

Comme nous l'avons vu, l'époque de la Seconde Guerre mondiale s'est soldée par un rapprochement gouvernemental et politique du Général Perón et les nazis, non sans polémique et antifascisme. A partir des années 1992, et l'arrivée du président Carlos Menem[91], les archives de l'Etat, restées jusque là bien cachées, sont réétudiées.

« Décidément, les temps ont changé en Argentine et le péronisme aussi. Aujourd'hui, malgré son étiquette péroniste, le très pragmatique et néolibéral président Carlos Menem ouvre les archives secrètes sur les anciens nazis réfugiés en Argentine après la chute du IIIe Reich. Pratiquement chaque jour, la presse « découvre » un ancien nazi et publie de larges enquêtes sur l'arrivée des sous-marins allemands en Argentine, l'installation de Joseph Menguele ou Adolf Eichmann sur les bords du Rio de la Plata, ou encore, la vie quotidienne d'une colonie nazie fondée par les anciens marins du « Graaf-Spee », un cuirassé allemand, qui, cerné par la flotte anglaise, s'est sabordé en 1939 devant Montevideo. Les deux premières livraisons de dossiers aux archives nationales n'ont pas apporté de révélations »[92].

Après une nécessaire reconnaissance et acceptation du passé et de ces erreurs, l'Argentine se tourne aujourd'hui politiquement et militairement vers l'Allemagne sans crainte d'être jugée. Voyons comment se rapprochement fut rendu

[91] Il fut président de l'Argentine du 8 juillet 1989 au 10 décembre 1999 et sénateur de la province de La Rioja.
[92] Le Monde -Article paru dans l'édition du 23/02/92 et mis à jour le 09/07/08.

possible, comment il s'exprime politiquement et militairement.

3.1. Vers une difficile reconnaissance du passé

Nous l'avons vu, le général Perón fréquentait volontiers certains réfugiés nazis comme le pilote Hans Rudel ou le dirigeant oustachi Ante Pavelic, ancien chef de l'Etat indépendant croate soutenu par les Allemands.

Pour la première fois, en 1992, l'Argentine reconnaît officiellement avoir aidé les réfugiés nazis et, parmi eux, de nombreux criminels de guerre comme Adolf Eichmann. En marge de l'ouverture des archives secrètes, la presse a retrouvé :

- M. Wilfrid Von Owen, l'ancien secrétaire de Joseph Goebbels. A 81 ans, il continue à encenser son ancien patron, "un homme merveilleux et d'une très grande intelligence". M. Owen, qui ne fait l'objet d'aucune poursuite judiciaire, met toujours en doute le génocide contre les juifs.
- Jan Olij Hottentot, quant à lui, ne veut pas répondre à la presse. Sa femme lui a interdit de parler, et il rentre dans son pavillon de briques à l'arrivée des journalistes. L'ancien collaborateur de la SS, aux Pays-Bas, a fait l'objet en 1988, d'une demande d'extradition de la part du gouvernement de La Haye, mais celle-ci a été refusée par les autorités argentines.

En effet, depuis 1953, l'ancien membre de la Grüne Polizei possède la nationalité argentine. Il est arrivé dans le pays en 1952 après s'être échappé d'une prison néerlandaise en 1947. Pourtant, à 80 ans, l'ancien nazi qui fut tour à tour employé de police provinciale, boxeur, et peintre en bâtiment, n'est pas totalement à l'abri d'une mauvaise surprise : en mai 1990, la Cour suprême argentine avait autorisé, après dix-sept ans de négociation, l'extradition de Joseph Schwammberger en Allemagne, où il est actuellement jugé.

- Un autre Hollandais, Abrahan Kipp (soixante-quinze ans), condamné à la prison à vie pour crimes de guerre en 1949, vit encore quelque part près de la capitale. Il est aussi devenu citoyen argentin en 1953. Les spécialistes attendent de l'ouverture des dossiers quelques précisions sur la manière dont sont arrivés les fugitifs, et surtout avec quel passeport.

Mais d'autres énigmes demeurent : que sont devenus l'ancien chef de la Gestapo Heinrich Müller ou Edouard Roschmann, "le boucher de Riga", ou encore Rudolf Mildner, un dirigeant de la Gestapo en Pologne ?

Le responsable du Centre Simon-Wiesenthal pour l'Amérique Latine, M. Shimon Samuels, estime pour sa part que ces archives ne sont que "la partie visible de l'iceberg" et réclame l'ouverture des archives de la banque centrale pour pouvoir remonter les pistes des investissements nazis après la fin de la guerre. Cette demande est restée sans réponse pour le moment. En Argentine, ce genre de démarche semble encore tabou.

Les analystes se penchent également sur une autre période sombre de l'Argentine : les dictatures militaires qui ont suivi la Seconde Guerre mondiale. Or, le modèle de répression mené par les différents dirigeants semble s'inspirer également du modèle allemand.

En effet, une théorie consiste à affirmer que, tant le coup d'Etat militaire le 24 mars 1976, mené par le commandant-en-chef de l'armée, Jorge Videla, que la dictature militaire du général Ongania en 1969, ou que les évènements de 1973[93] et 1976[94], trouvent leurs racines dans le « corpus théorique » d'influence allemande. En effet, des milliers de militaires allemands exilés en Argentine après la fin de la Seconde Guerre mondiale, influencèrent directement de leurs idées la nation argentine. Les fabriques militaires, l'énergie nucléaire, les stratégies de guerre furent influencées. Les services secrets argentins, eux-même, copièrent le fonctionnement des services créés par les Allemands pendant la Seconde Guerre mondiale, de la main du général allemand Reinhard Gehlen. Le régime militaire de 1976 fut établi sur ce modèle par les services de renseignement ; le gouvernement argentin de l'époque avait décrété que les conditions étaient réunies pour qu'une révolution éclate et il appliqua les modèles de répression que les militaires allemands avaient utilisés pour contrôler les populations depuis la Tchécoslovaquie jusqu'à l'Ukraine, en passant par la Pologne et la Hongrie.
Puis, des centres de concentrations et d'extermination furent construits sur le modèle allemand. La méthode fut la même pour la création d'opération de contre-renseignement.

3.2. Les relations argentines avec l'Allemagne fédérale de 1980 à nos jours

Entre avril et juin 1982, l'Argentine et le Royaume-Uni entrent dans un conflit sur la souveraineté des îles Malouines, archipel situé à 480 km des côtes argentines et peuplé de

[93] Triomphe du Péronisme – élection de Peron –troubles sociaux.

[94] Coup d'Etat militaire de Peron, début de la dictature. Celle-ci a fait près de 30 000 « disparus » (*desaparecidos*), 15 000 fusillés, 9 000 prisonniers politiques, et 1 500 000 exilés pour 30 millions d'habitants, ainsi que 500 bébés kidnappés aux parents *desaparecidos* et élevés par des familles proches du pouvoir.

descendants britanniques. Alors que le Royaume-Uni suspend dès le début du conflit l'essentiel de ses relations économiques avec l'Argentine, les autres membres de la CEE prennent des mesures analogues. La France, représentée par son président François Mitterrand, assure Londres du soutien total de son gouvernement et convainc l'Allemagne de geler momentanément ses importants contrats d'armements la liant à l'Argentine. Le 6 avril, l'Allemagne Fédérale annonce un embargo sur les armes destinées à l'Argentine alors que deux sous-marins océaniques et des destroyers en construction en Allemagne étaient en cours de livraison à cette époque. Au cours du conflit, les sous-marins argentins subissent de gros endommagements, mais l'embargo de la CEE, empêche le constructeur allemand d'intervenir sur la réparation des torpilles. Quant à l'opinion publique allemande, selon l'institut Gallup, 75% des Allemands réclament à cette époque une stricte neutralité[95].

L'embargo économique de la CEE a beaucoup éprouvé l'Argentine et la ruine du pays est annoncée.

A partir d'octobre 1983, après une période sombre politiquement et économiquement, l'Argentine retrouve la démocratie avec l'arrivée au pouvoir du candidat radical Raul Alfonsin. L'importante dette extérieure poussa le gouvernement à se tourner vers le gouvernement de Bonn pour obtenir de l'aide. Le chancelier Helmut Kohl, en 1984, leur envoya un message très clair : l'Allemagne ne jouera pas le rôle de défenseur des intérêts argentins pour leur problème de dette extérieure, et si le gouvernement argentin souhaite obtenir des crédits et des investissements allemands, il devra d'abord négocier avec le Fonds Monétaire International.

[95] Tiré de la Revue Internationale du 15 mai 2006.

En 1985, une délégation de parlementaires de la République Fédérale Allemande, se réunit avec le vice-président Victor Martinez, pour évaluer le degré de sécurité économique pour les investisseurs allemands. Un peu plus tard, une délégation argentine constituée de militaires et de législateurs, invités par la Fondation Neumann, étudièrent différents sujets comme la dette extérieure, le protectionnisme de la Communauté Européenne et le problème des Malouines. A partir de 1985, le plan de stabilisation monétaire, nommé « plan Austral », est lancé par Alfonsin. La réputation économique de l'Argentine inspire alors davantage confiance aux Européens et aux Allemands. Le président argentin entreprit à cette période de nombreux voyages politiques en Allemagne pour résoudre et améliorer les rapports politiques et économiques.

La coopération bilatérale se développa de façon significative dans le domaine de l'énergie nucléaire à des fins pacifiques. En 1987, les gouvernements argentin et allemand signèrent un accord de coopération bilatérale pour l'utilisation de l'énergie nucléaire, qui entra en vigueur le 25 novembre de la même année. De cette manière, la diplomatie allemande consolidait les liens politiques avec l'Argentine. L'entente entre les deux gouvernements se vérifia également en avril 1987, lors de la crise militaire de la semaine Sainte ; le gouvernement allemand proposa son soutien au président Alfonsin.

En 1988, Alfonsin se rendit en Allemagne ; à cette occasion, fut signé, par les représentants du gouvernement argentin et l'entreprise allemande Siemens, un accord qui permit la poursuite des travaux de la centrale nucléaire Atucha II, grâce à un crédit de 116 millions de dollars.

En 1989, Carlos Menem arrive au pouvoir en Argentine. Entre 1989 et 1999, la présidence de Menem est marquée par une économie en récession. Il se tourne à son tour en 1997 vers l'Allemagne dans l'espoir d'une aide financière. Reçu par Helmut Kohl (chancelier depuis 1982), Menem affirme avec audace qu' « en Amérique Latine, nous devons travailler intensément pour que l'Allemagne arrive à la conclusion suivante : bientôt, la troisième puissance du monde sera l'Amérique Latine »; selon lui, « l'Argentine rassemble les conditions exigées par le Traité de Maastricht pour intégrer l'Union Européenne, bien qu'elle ne soit pas concernée »[96]. Le président Menem continua d'entretenir des relations étroites avec le gouvernement allemand.

Le président Kirchner, arrivé au pouvoir en 2003, fils de descendants d'Allemands, possédant la double nationalité (fort symbole du lien qui unit ces deux pays) poursuivit la politique de rapprochement politique et économique avec l'Allemagne. Les deux pays doivent affronter des difficultés communes, les élites, pour relever les défis de la mondialisation, doivent surveiller leur économie sans pour autant négliger leurs objectifs, la cohésion régionale, l'environnement, le changement climatique et la bonne gestion gouvernementale de l'insertion sociale dans une république fédérale. C'est un effort encore aujourd'hui partagé par l'Allemagne et l'Argentine.

En 2007, l'Argentine et l'Allemagne célébraient le 150e anniversaire des relations argentino-allemandes. Le point de départ fut le traité d'amitié, de commerce et de navigation, signé en 1857 entre le royaume de Prusse et les autres États de l'union douanière et la Confédération Argentine.

---

[96] La Nacion -1997 par Mariano Obarrio.

« Aujourd'hui, les relations politiques entre l'Argentine et l'Allemagne sont très bonnes. L'Argentine est un acteur important pour l'Allemagne, avec lequel on entretient un dialogue continuel sur des sujets de coopération bilatérale, régionale et internationale. Ainsi, en plus des contacts gouvernementaux ou parlementaires, les secrétaires d'Etat du ministre des affaires étrangères se réunissent régulièrement »[97]. Les visites des chefs d'Etat sont régulières (Nestor Kirchner se déplaça à Berlin en 2005), son épouse, présidente de la République Argentine, Cristina Kirchner, rencontra la chancelière Angela Merkel en 2008.

En 2007, Cristina Kirchner, lors de sa première revue de presse en tant que présidente, confiait que son rêve était de « convertir l'Argentine en un modèle de pays exportateur, comme l'Allemagne, qui génère une économie très compétitive, […] avec un haut niveau technologique »[98].

---

[97] Site internet de l'ambassade allemande en Argentine.
[98] La Nacion – 2007.

CONCLUSION

L'Argentine est un pays né de l'immigration, construit par l'apport migratoire.

Or, s'il y a bien quelque chose que tout migrant emporte avec lui au moment de traverser les frontières, c'est bien son bagage culturel. Qu'ils le veuillent ou non, les migrants voyagent avec leurs idées, leurs connaissances et leurs expériences. C'est pour cela que le mouvement de personnes fut toujours le moyen privilégié pour véhiculer les savoirs entre les différentes sociétés et cultures. Ce processus n'est pas mécanique ni univoque, il est difficile à appréhender car il se retrouve à tous les niveaux : de la subjectivité individuelle à l'implantation de modèles institutionnels complexes.

« Les immigrants allemands sont particulièrement appréciés par les natifs argentins, grâce à leur honnêteté, leur faculté de travail et leur caractère pacifique et tranquille » disait le président Sarmiento en 1847. C'est lui-même qui leur proposa de s'établir en Argentine, pour se dédier à l'agriculture, à la fabrication de fromages, de beurre, et à l'élevage de moutons.

Ils apportèrent avec eux leur religion, leurs coutumes. Ils fondèrent leurs propres journaux, influencèrent l'enseignement et l'alimentation. On parle d'eux dans les témoignages, les mémoires, les biographies, les œuvres littéraires et les films, preuves de l'importance de cette communauté sur la société argentine. La communauté allemande a peu à peu investi les classes moyennes puis la haute société argentine. Certains immigrants influencèrent de leurs idées les plus hautes autorités de l'Etat. D'autres se tournèrent vers l'importation, l'exportation, vers les investissements entre l'Allemagne et l'Argentine.

Ainsi, nous l'avons vu à travers ces trois parties, l'influence culturelle allemande, qu'elle soit d'ordre gastronomique, architecturale, scientifique, technologique ou universitaire, s'est intimement immiscée à partir de 1850 dans la société argentine, aujourd'hui enrichie par cette diversité culturelle.
A cela, s'est ajoutée immanquablement une influence économique, tournée vers les investissements, les exportations et les importations communs, fluctuant selon l'économie nationale. Les entreprises furent injectées de capitaux allemands, essentiellement pendant la Seconde Guerre mondiale. Alors que l'on ne peut négliger d'évoquer les aspects positifs de ces influences, il était aussi important de montrer que l'insertion ou l'acculturation ne se fait pas sans douleur et tension.
Notre troisième et dernière partie, quant à elle, s'est intéressée aux influences politiques et militaires non moins liées aux influences préalablement développées. Ainsi, entre 1850 et nos jours, les Argentins et les Allemands ont-ils oscillés entre rapprochement et éloignement, intérêt et nationalisme, collaboration et rejet catégorique.

Alors que nous sommes parvenus à démontrer la forte implication de la communauté allemande sur la géopolitique argentine, il n'en demeure pas moins que l'immigré reste toujours attaché à sa communauté d'origine, l'immigré vient toujours d'un endroit bien déterminé. Les structures d'intégration des sociétés d'accueil ont aussi une influence sur lui et conditionnent son modèle d'intégration. Ces modèles trouvent leur origine dans l'histoire nationale du pays d'accueil. L'Argentine, comme les USA, le Canada, l'Australie, la Nouvelle Zélande,… se reconnaissent comme pays nés de l'immigration. Chaque pays secrète ainsi son modèle, modèle qui trouve ses racines dans son histoire nationale.

Quant à la conception allemande de la nation, elle est bien différente. Elle est conçue comme une entité originale : font partie de la nation allemande ceux qui ont du sang allemand, ceux qui appartiennent à un même peuple.

Le « Volk [99]» renvoie à une conception généalogique de la communauté nationale. Le peuple n'est pas centré sur l'Etat, c'est l'Etat qui est centré sur le peuple. Cela signifie que tous ceux qui ont du sang allemand de part le monde font partie de la nation allemande.

L'idée allemande de nation n'est pas politique ; c'est celle d'une communauté culturelle. Le sentiment national précède l'Etat-nation. Le nationalisme culturel est pré politique. Cette conception allemande de la nation débouche à terme sur une constitution fédérale qui regroupe et permet de regrouper toutes les communautés de langue allemande. La nationalité allemande déborde le cadre strict de l'Etat. Le code de la nationalité est très strict, ce qui a dominé pendant longtemps est le droit du sang. La loi sur la nationalité allemande adoptée par le Bundestag en 1999 consacre le droit du sol, mais ne fait pas l'unanimité de la population allemande. Les naturalisations ont été fort peu nombreuses en Allemagne jusqu'en 1999.

La nation allemande est une réalité culturelle ; la culture est l'expression d'une collectivité propre et dont le but est de faire rayonner la culture allemande. La défaite prussienne d'Iéna (1806) a été ressentie comme une défaite allemande. Il y eut une véritable frustration allemande, y compris des pays rhénans. Cela s'est traduit par une exaltation de la culture allemande qui a versé dans le romantisme. Cette exaltation a trouvé son expression dans Fichte et ses discours à la nation

[99] La notion de *Volk*, mot qui grossièrement signifie « peuple », démontre à travers son étymologie cette prédominance d'une définition ethnique de la nation. En revanche, le mot *Volk* désigne plus souvent l'idée de « nation », liée à une appartenance linguistique, culturelle et historique.

allemande. L'essentiel de sa philosophie est résumé dans cette phrase : « L'Allemand seul, parce qu'il est une race vivante, a une vraie patrie et qu'il est seul capable d'un amour raisonnable et personnel envers sa nation ». C'est contre ces discours que Renan prononcera sa conférence « Qu'est ce que la Nation ? » (1882).

L'Allemagne a pendant longtemps été un pays d'émigration ; elle a fourni l'essentiel de l'émigration européenne vers les Amériques au XIXe siècle. Ce n'est qu'à partir de 1960 que l'Allemagne de l'Ouest est devenue un pays d'immigration.

Les dirigeants allemands ont considéré que l'immigration devait être provisoire et contractuelle : les travailleurs ne pouvaient venir en Allemagne que s'ils disposaient d'un contrat de travail. Les immigrés étaient appelés « Gastarbeiter », c'est-à-dire travailleurs invités. Les autorisations de travail étaient très restrictives : elles n'étaient valables que pour un Land donné et pour un emploi bien défini. L'autorisation couvrait une période précise, maximale de cinq ans. Si la conduite était bonne, le travailleur pouvait ensuite obtenir un permis de séjour. Les immigrés en Allemagne proviennent essentiellement d'Italie, de l'Espagne, du Portugal, de la Grèce, de la Turquie et de la Croatie. Le problème de l'immigration n'est pas un problème ethnique, mais essentiellement social puisque deux modes d'intégration (en l'occurrence celui allemand et argentin) reposant sur des bases différentes aboutissent à la même place de l'étranger dans la nation.

L'Allemagne et l'Argentine se sont vues au cours des siècles et à des moments différents confrontées au même problème d'absorption de populations étrangères. Alors que l'Allemagne a commencé tardivement son processus d'immigration, l'Argentine entre à l'inverse dans un flux d'émigration. Alors que les Argentins d'aujourd'hui sont l'aboutissement d'une longue intégration, le résultat de ce mélange serait-il terminé ? Le véritable argentin est-il encore à venir ? Les flux migratoires semblent s'inverser. Peut-on alors y voir un retour du peuple argentin vers son berceau d'origine : une Europe attrayante et dynamique ?

BIBLIOGRAPHIE

OUVRAGES de LANGUE FRANCAISE :

- BEARN, Georges, *La décade péroniste*, Gallimard, 1975.
- BERNE, Paul, *L'immigration européenne en Argentine*, Marcel Rivière, 1915.
- BLANCPAIN, Jean-Pierre, *Les Allemands au Chili (1816-1945)*, Bohlau, 1974.
- BLANCPAIN, Jean-Pierre, *Les juifs allemands et l'antisémitisme en Amérique du Sud, 1930-1950*, Harmattan, 2008.
- BOURDE, Guy, *Urbanisation et immigration en Amérique Latine, XIXe et XXe siècle*, Aubier, 1974.
- BREY, Gérard, *Figures du récit fictionnel et du récit factuel, II : le monde luso-hispanophone*, 2007.
- B. SOUWEINE, Paul, *L'Argentine au seuil de l'industrie*, 1927.
- CHAIROFF, Patrice, *Dossier néonazisme*, 1977.
- C. NEWTON Ronald, *The « Nazi-menace » in Argentina – 1931-1947*, 1992.
- DUQUENNE, Lucien, *l'Argentine de Perón*, A. Samie, 1954.
- F.de VILLEMAREST, Pierre, *Les stratèges de la peur*, Suisse, Editions Voxmundi, 1980.
- HURET, Jules, *En Argentine, de la Plata à la Cordillère des Andes*, Bibliothèque Charpentier, 1919.
- KREBS, Gilbert, *Passerelles et passeurs*, Sorbonne nouvelle, 2002.
- KREBS, Gilbert, *Exil et résistance au national-socialisme, 1933-1945*, Sorbonne nouvelle, 1998.

- LAFAGE, Franck, *L'Argentine des dictatures-1930-1983 : pouvoir militaire et idéologie contre-révolutionnaire*, Harmattan 1991.
- MICOLIS, Marisa, *Une communauté allemande en Argentine, Eldorado : problèmes d'intégration socioculturelle*, France, Centre internationale de recherches sur le bilinguisme, 1973.
- PICAPER, Jean-Paul, *Sur la trace des trésors Nazis: l'or, la mort et la mémoire*, 1998.
- POIDEVIN, Raymond, *les relations économiques et financières entre la France et l'Allemagne de 1898-1914*, Comité pour l'histoire économique et financière de la France, 1998.
- PONCE, Nestor, *L'Argentine, crise et utopie,* Editions du Temps, Paris, 2001.
- ROLLAND, Denis, *La crise du modèle français : Marianne et Amérique Latine : culture, politique et identité*, Presses universitaires de Rennes, 2000.
- ROUQUIE, Alain, *Pouvoir militaire et société politique en République argentine*, Presses de la Fondation nationale des Sciences Politiques, 1978.
- ROUQUIE, Alain, *L'Etat militaire en Amérique Latine*, Ed. du Seuil, 1982.
- SAINT SAUVEUR HENN, Anne, *Un siècle d'émigration allemande en Argentine, 1853-1945*, Bohlau, 1995.
- STURZENEGGER-BENOIST, Odina, *L'Argentine*, Paris, Editions Kartala, 2006.
- TULET, Jean-Christian, *La pampa argentine : une mosaïque : des communautés locales à l'épreuve de l'ajustement en Argentine*, Harmattan, 2001.

OUVRAGES de LANGUE ESPAGNOLE :

- BALHARRY, Eugenio Herrera, *Los alemanes y el estado cafetalero*, Euned, 1988.
- CASTRO, Jorge, *Politica exterior argentina -1989-1999, historia de un exito*, Nuevohacer, 1998.
- DICKMANN, Enrique, *La infiltracion nazi-fascita en la Argentina*, Ed. Sociales argentinas, 1939.
- DE LOS RIOS, Fernando, *Obras completas: escritos guerra civil y exilio*-vol 5, Anthropos Editorial, 1997.
- FRAGA, Rosendo, *Los alemanes en la consolidacion de la nacion argentina (1817-1916)*, Centro de Estudios Union para la Nueva Mayoria, 1990.
- GIRON, José, *Los nuevos estados de la antiga Yougoslavia*, Universidad de Oviedo, 1999.
- GONI, Uki, *Peron y los alemanes: la verdad sobre el espionaje nazi y los fugitivos del Reich*, Editorial Sudamericana, 1998.
- JACKISCH, Carlota, *El nazismo y los refugiados alemanes en la Argentina -1933-1945*, Editorial de Belgrano, 1997.
- KLEINER, Alberto, *Los inmigrantes ruso-alemanes en Argentina*, Libreros y Ed.del Poligrono, 1983.
- KRAFT, Helmut, *Submarinos alemanes en Argentina*, Puma, 1998.
- LANGBETIN, Regula Rohland, *Paul Zech y las condiciones del exilio en la Argentina, 1933-1946*, Facultad de Filo de B.A, 1999.
- LUDER, *La Argentina y sus claves geopoliticas*, Editorial Univ. De Buenos Aires, 1974.
- MIRELMAN, Victor, *En busqueda de una identidad: los immirantes judios en Buenos Aires, 1890-1930*, Mila, 1988.
- ORTIZ, Ricardo, *Las inversiones alemanas en la Argentina: caracteristicas de las campanias, su participacion en la economia y en la cupula empresaria*, Foco, 2009.

- PARADISO, José, *La politica exterior argentina y sus protagonistas (1880-1995),* Nuevohacer, 1996.
- SCHWARCZ, Alfreda José, *Judios de habla alemana en la Argentina*, Grupo Editor latinoamericano, 1991.
- SOMMI, Luis, *Los capitales alemanes en la Argentina, historia de su expansion*, 1945.
- VODUSEK, Ziga, *Inversion extranjera directa en America latina: el papel de los inversores europeos*, Inter American Deve.Bank, 2002.
- ZADOFF, Efraim, *Historia de la educacion judia en Buenos Aires*, 1935-1957, Mila, 1994.
- *Historia general de las relationes exteriores de la republica Argentina* - vol 3, Centro de Estudios de la politica exterior, 2003.

THESES et MEMOIRES:

- BADARO, Maximo Carlos, *Devenir militaire dans l'Argentine démocratique : une ethnographie de la socialisation des futurs officiers de l'armée*, Paris, 2006.
- BURGGRAEVE, Marc, *Les opérations extérieures argentines depuis 1983, quels enjeux après la dictature?*, Paris, CID, 2008.
- COLOMBIER, Antoine, *La politique étrangère de l'Argentine sous la présidence de Nestor Kirchner : vers un renouveau de l'Argentine sur la scène internationale*, Paris, CID, 2008.
- GUSTAVO, Garcia, *La pensée géopolitique et stratégique en Argentine*, Paris, CID, 2008.
- SOLAGES, Hervé de, *Les mouvements sociaux déterminants du XXe siècle en Argentine, étude de trois révoltes populaires fondatrices*, Paris, CID, 2008.

ARTICLES et JOURNAUX en LANGUE FRANCAISE :

- Revues historiques – volume 288.
- Revue économie internationale.
- Inventaire des archives de la guerre, série N- 1920-1940, Volume 2- 1981.

ARTICLES et JOURNAUX en LANGUE ESPAGNOLE :

- *Transmondia*, n°88-99 -1962.
-Bibliographie latino-américaine d'articles -10/17, Université paris III, Institut des hautes études de l'Amérique Latine, 1981.
- *Vision*, Vol 5, Indiano, The Council, 1953.
- *Bulletin of the Pan American Union* – Vol 6 – Partie 2, Gout Print Off. 1899.
- *Apertura*, n°68-70, Editorial Apertura, 1997.
- *America Latina y la doctrina social de la iglesia: dialogo latinoamericano-aleman*, Vol 5, Ed. Paulinas, 1992.

ILLUSTRATIONS ET TABLEAUX :

- Cartes de l'Amérique du Sud : publication 2007 : Site www.maps.mygeo.info

SITES INTERNET :

Sites argentins :
-www.argentina-execpcion.com: tourisme et données chiffrées.
-www.cari.org.ar: 1978-2004 – "Foro permanente de dialogo argentino-aleman".

-www.desaparecidos.org: coalition pour les Allemands disparus en Argentine.
-www.unsam.edu.ar: “alemanes antinazis y politica argentina”.
-www.buenos-aires.diplo.de: ambassade d’Allemagne à Buenos Aires.
-www.goethe.de: institut Goethe Argentine/Allemagne.
-www.ahkargentina.com: chambre de l’industrie et du commerce Argentine/Allemagne.
-www.solesdigital.com.ar: l’influence des Allemands sur l’architecture à Buenos Aires.
-www.pachami.com: l’Allemagne pré-Hitler.
-www.lanacion.com.ar: la guerre de la presse en Allemagne.
-www.tau.ac.il: « El partido Aleman Nacionalsocialista en Argentina, Brasil, y Chile frente a las communidades alemanas – 1933-1939.
-www.iai.spk-berlin.de: “migrantes de origen aleman en Argentina: identificacion y transferencias”.
-catedrasabiertas.blogspot.com:“dialogo entre teorias politico-sociales alemanas y argentinas.
-www.diarioperfil.com.ar: “150 anos de relaciones argentinas-alemanas”.
-www.ejerctio.mil.ar: site de l’armée de terre argentine.
-www.lanacion.com.ar: « fuerte respalda politico de Alemana a la Argentina” -2005.
-www.resdal.org : comparatifs chiffrés sur la défense en Amérique Latine.
-http://risal.collectifs.net/ : Réseau d'information et de solidarité avec l'Amérique latine.
-http://www.cerveceriaymalteriaquilmes.com : site de l’entreprise Quilmes.

ANNEXE

Liste des colonies allemandes en Argentine[100]

Province de Buenos Aires :

- Colonia Hinojo (1878). Originalmente llamada Colonia Santa María. Entre los colonos la llamaban *Kamenka.*
- Colonia San Miguel (1881). Entre los colonos la llamaban *Dehler.*
- Colonia Nievas (1885). Entre los colonos la llamaban *Holtzel.*
- Santa Trinidad o *Colonia Uno* (1887). Entre los colonos la llamaban *Hildmann.* Partido de Coronel Suárez.
- San José o *Colonia Dos* (1887). Entre los colonos la llamaban *Dehler.* Partido de Coronel Suárez. Es el pueblo natal del conocido cantante Sergio Denis.
- Santa María o *Colonia Tres* (1887). Entre los colonos la llamaban *Kamenka.* Partido de Coronel Suárez.
- Colonia Santa Rosa (1902).
- San Miguel Arcángel (1903).
- Tornquist
- Colonia Monte La Plata (1906).
- Colonia San Pedro (1908). Partido de Saavedra.
- Colonia San Martín. Partido de Saavedra.
- Villalonga
- Stroeder
- Villa Gesell (1931).

[100] http://es.wikipedia.org/wiki/Alemanes_del_Volga

Province de Entre Ríos :

- Colonia General Alvear (1878), incluye las siguientes 5 aldeas:

  Aldea Valle María (entre los colonos la llamaban *Marienthal*)
  Aldea Spatzenkutter
  Aldea Salto (*Kehler*)
  Aldea San Francisco (*Pfeiffer*)
  Aldea Protestante

- Aldea Brasilera (28 de octubre de 1879).
- Aldea María Luisa (1887).
- Colonia Merou (1886).
- Aldea Santa María (4 de junio de 1887).
- Aldea San Juan (1889).
- Aldea San Antonio (Gualeguaychú) (1889).
- Aldea Santa Celia (1889).
- Aldea San Miguel (1899).
- Aldea San Rafael (1888)
- Aldea Santa Rosa (1893).
- Aldea Eigenfeld (1893).
- Aldea San Miguel (1899).
- Aldea San Antonio (Paraná) (1893).
- Aldea Grapschental (12 de junio de 1886).
- Santa Anita (14 de julio de 1900).
- Aldea San Isidro (12 de febrero de 1903).

Province de Córdoba :

- Colonia Santa María
- Colonia San José
- Colonia Eldorado
- Villa General Belgrano (1930)

- La Cumbrecita
- Villa Berna
- Villa Alpina
- Villa María (con inmigrantes italianos e ingleses)
- Colonia Bismarck
- Colonia Bremen
- Corral de Bustos
- Silvio Pellico (con inmigrantes italianos).

Province de La Pampa :

- Colonia Santa María (1908).
- Colonia San José (1910).
- Colonia San Rosario (La Colorada Chica)
- Winifreda (1915).
- Colonia Barón (1915).
- Santa Teresa (1921).

Province de Chaco :

- Juan José Castelli
- La Florida

Province de Santa Fé :

- Colonia Esperanza (alemanes y suizo-alemanes)
- Colonia San Carlos
- Colonia San Gerónimo/San Gerónimo Norte

Province de Neuquén :

- Villa La Angostura
- Villa Traful (1936)
- San Martin de los Andes (1898)

Province de Río Negro :

- San Carlos de Bariloche (1895)

Province de Chubut :

Province de Misiones :

- Eldorado (1919)
- Puerto Rico (fondé par les immigrants Allemands catholiques, anciens citadins brésiliens)
- Montecarlo (fondé par les immigrants Allemands protestants, anciens citadins brésiliens)
- Comandante Andresito

TABLE DES MATIÈRES

L'HARMATTAN, ITALIA
Via Degli Artisti 15; 10124 Torino

L'HARMATTAN HONGRIE
Könyvesbolt ; Kossuth L. u. 14-16
1053 Budapest

L'HARMATTAN BURKINA FASO
Rue 15.167 Route du Pô Patte d'oie
12 BP 226 Ouagadougou 12
(00226) 76 59 79 86

ESPACE L'HARMATTAN KINSHASA
Faculté des Sciences sociales,
politiques et administratives
BP243, KIN XI
Université de Kinshasa

L'HARMATTAN CONGO
67, av. E. P. Lumumba
Bât. – Congo Pharmacie (Bib. Nat.)
BP2874 Brazzaville
harmattan.congo@yahoo.fr

L'HARMATTAN GUINEE
Almamya Rue KA 028, en face du restaurant Le Cèdre
OKB agency BP 3470 Conakry
(00224) 60 20 85 08
harmattanguinee@yahoo.fr

L'HARMATTAN CÔTE D'IVOIRE
M. Etien N'dah Ahmon
Résidence Karl / cité des arts
Abidjan-Cocody 03 BP 1588 Abidjan 03
(00225) 05 77 87 31

L'HARMATTAN MAURITANIE
Espace El Kettab du livre francophone
N° 472 avenue du Palais des Congrès
BP 316 Nouakchott
(00222) 63 25 980

L'HARMATTAN CAMEROUN
BP 11486
Face à la SNI, immeuble Don Bosco
Yaoundé
(00237) 99 76 61 66
harmattancam@yahoo.fr

L'HARMATTAN SENEGAL
« Villa Rose », rue de Diourbel X G, Point E
BP 45034 Dakar FANN
(00221) 33 825 98 58 / 77 242 25 08
senharmattan@gmail.com

Achevé d'imprimer par Corlet Numérique - 14110 Condé-sur-Noireau
N° d'Imprimeur : 80211 - Dépôt légal : juillet 2011 - *Imprimé en France*